明公啟示錄

范明公解密

2

——從帛書《老子》談為人處世的最佳方針

范明公著

【目錄】

【自序】
歷史上最難解讀的經典

《道德經》這部經典，是中華歷史上最難解讀的一部經。因為人類從起源到現在，經歷了非常漫長的歷史階段，而其中有很多階段是我們不瞭解甚至不知道的。朝代更迭，時過境遷，隨著事物的發展變化，現代人已經無法理解《道德經》講的是什麼，也就不知道老子為什麼要寫這一部經。

為何道德經的解讀既困難又容易？

現代人所瞭解的文明，是從有文字記載才開始的。當文字變更或者泯滅，現代人所謂的文明就不存在了。在全世界當中，有文字記載、而且文字一直延續到現在的古文明，只有中華文明。中華的文明史是上下五千年，這就意味著現代人最多只能看到五千年左右的歷史記載。

然而《道德經》出現於大約兩千五百年前，它記載的是人類文明史之前的那些歷史階段發生過的事、傳承下來的哲理、宇宙的真相以及規律。現代人要解讀兩千五百年前

的經典，當然是非常困難的。但是同時，《道德經》又是最容易解讀的，因為大家都不知道它在講什麼，沒有解讀的標準，所以怎麼解讀都是對的，既不能證偽，也不能證實。

現代研究《道德經》的學者，都是以古人的批註和著書為標準。從古至今，絕大多數人都是從字面上來解讀《道德經》，分析每個字的涵義，由此來解釋全篇。但是中華的文字有一個特點，每一個字都是獨立和立體的。幾個字合到一起，看似形成了一句話，但是這句話可不只是表達了一個意思。因為每一個字都是立體的，包含了很多層涵義，所以十個字合在一起，涵義就成了十次方，就能構成一個非常廣博的世界。如果從文字這個角度去解讀，我們沒法說哪個涵義是對的，或者哪個解釋是標準的，這就是中華文字的特點。所以中華的經典是絕對不可以從字面上去解讀的。

經典的每一句話都有無窮的涵義，如果不能從字面上解讀，那應該怎麼解讀呢？從字面上解讀出來的涵義，一定是最淺顯的，一定不代表經典真實的涵義。但是經典真實的涵義，也是不可能精確地解釋出來的，因為它是有深度的，而且這個深度是層層遞進的。同樣的一部經典，每

個人的解讀都完全不同，但也都是經典的涵義。《道德經》又是這一類經典的典型代表作，這就是解讀它既困難又容易的道理所在。

瞭解起源才能掌握道德經的真意

儒學則不同。為什麼稱孔子為至聖先師，廣開教化之門？因為儒學的那些經典就是要落實，就是要傳聖王之道，傳經邦濟世之學。儒學是世間的學問，讓人成為仁者，成為聖王。儒學的目的就是把天道轉化成綱常，再形成社會的倫理道德，讓大家在禮、規、制上去遵行。所以儒學容易解讀，也很容易去奉行，比如教人從孝開始一步步做起，特別適合應用。

但是像《道德經》這樣的經典，就讓人解讀時不知從何下手。大家都是從字面上解讀它，都解讀得含含糊糊。漢字是立體的，幾個字相加就是無限的涵義，廣博深邃，讓人難以窺探其中之奧秘。尤其是現代人用白話文去解讀它，就相當於把一個立體的東西鋪成了平面，甚至是把平面也變成了線。一條線不可能代表一個立體，但是我們沒

有辦法，只能這樣解讀。

　　所以我對《道德經》的解讀，僅僅是我的一家之言，不代表《道德經》就是這個意思。《道德經》裡有太多層的意思，解讀時難就難在這裡。即使你的思想境界達到了和老子相同的高度也不行，因為老子也不一定明白《道德經》說的是什麼，他的解讀也僅僅是一知半解。

　　《道德經》是老子寫的，為什麼說連他都不一定懂？問題就在，《道德經》真正的起源是什麼。知道了這個答案，才能夠解讀出《道德經》裡的真相和規律，用它來指導我們現實中的人生和精神上的修行。

第一章

上善如水
──《道德經》第八章

上善如水。水有許多特性跟大道相同。

所以，若要學道，就要向水學習這些品德：

包容、謙卑卻不自卑、剛柔並濟 因勢利導……。

水德，是入道之門，

也是我們在現實中行事的絕佳方針。

第一節 善利萬物而不爭，居眾人之所惡

《道德經》第八章

【上善如水，水善利萬物而不爭。居眾人之所惡，故幾於道矣。居善地，心善淵，予善天，言善信，正善治，事善能，動善時。夫惟不爭，故無尤。】

【上善如水】，通行本寫成「上善若水」，這句可說是人盡皆知。

「上善」就是最高、最好的境界，很接近我們要追尋的道。「上善如水」的意思就是道與水的特質很接近。

【水善利萬物而不爭，居眾人之所惡，故幾於道矣 。】因為水「不爭」，不爭者柔也。「居眾人之所惡」是眾人都摒棄、厭惡的東西，水都能毫無怨言地接納和包容。

一般人或許很難從字面去理解這種「水之德」。如果在現實中什麼都不爭，總是成人之美，還讓別人一直把不好的東西丟給我，豈不成了傻子，怎能等同道呢？所以，千萬不能從字面去解讀這段話，因為字面的解釋是句句都有漏。

可以先忽略字義上相對片面的「水善利萬物而不爭」和「居眾人之所惡」這兩句，先去領悟「故幾於道矣」這句，好好分析水到底具有怎樣的特性。

水性近似大道

水的特性很接近道。

水是天下之至柔，任何人都可以隨意戲水。但水同時又是天下之至剛，怒濤洶湧便能毀滅一切。所有人在內心深處都對水有種恐懼。因為在人類歷史記載，在所有民族的基因中，都有曾被大洪水毀滅過的記憶。水既呈現為天下之至弱，又可以變為天下之至強。

水既可以處於地表最低窪處，又可居萬仞高山之上。山頂的積雪就是水，山有多高，水就有多高，山永遠沒有水來得高。

水隨天地變化，無常形、無常勢、無常態，這就是水的變化特性。隨著溫度變化，水有三種形態：溫度在冰點以下，水就固化成冰；溫度在冰點到沸點之間，水呈液態；溫度超過沸點，水就汽化為水蒸氣。水無常態。液態、固態、

氣態都是水，但又都不是水。這點就非常符合道！道就是無形、無象，又無處不在。

人體的70%是水，地球表面的71%是海洋，即使最乾燥的沙漠也有地下水。萬事萬物都離不開水。人可以一個月不吃飯，但離開水幾天就得死。

水看似是天下之至柔、至弱、至卑，其實又是至剛、至強、至高，這就是水的特性。水看似多到最沒有價值，但又是最寶貴的東西，一切眾生都離不開水。這些特點就近道矣。道就是這麼回事！我們不曉得什麼是大道，但又須臾離不了大道。大道無處不在。所以說「上善如水」。真正的大道，特性就像水一樣。

要學道，就得向水去學

所以一般人想要學道，就得向水去學。

水從天上落入人間。這世上，再高的山也沒有雲高，最高的山必有冰雪，水化成了冰雪。它在上而不驕，即使是在山頂最高處，也保持著謙虛卑下的常態，永遠向下流、去找最低處。所以水才能不與萬物爭高下，但萬物卻都得

讓著水。

孔子的儒學提倡：君子在守孝道之前，先要做到為人的標準：「居高而不驕，在下而不亂，在丑而不爭」（註）。水也具有這項處世標準的特性。

身居高位或是有才能的人，如能保持謙卑，就是在向水學習。不高調、不張揚、不炫耀，這樣做就是道。當然，這裡所謂的道是非常渺小的。

水和陽光一樣，是萬物生養不可少的最基本條件。如果水向人提出要求，我們必須答應。但水從不居功自傲，從不因為自己很重要而向萬物提出任何要求，這就是「水善利萬物而不爭」。水是人須臾不可或缺的，卻也是最被人無視的生存要素，這就是大道的狀態。

愈接近大道就愈簡單、愈平淡無奇，愈不被人重視。正因為大道恩澤四方、普照天下卻不提任何要求；所以，靠其生養的萬物才會最不在乎大道。

---

*註：《孝經》紀孝行章：「居上不驕，為下不亂，在丑不爭。」丑，是群眾之意。全句是孔子勸戒人在位居高位時不要驕縱妄為，當地位卑下時也不要胡作非為，在團體內部不要爭強鬥勝，以免招致災禍。

不與萬物爭利、沒有要求，這是一種品性！所以大道才能長久。

恩澤天下卻不向天下眾生提出任何要求，這才是真正地近乎道。

這樣的聖人不會用利益、權勢、人心去交換什麼，聖人只是做自己想做的事。這樣的聖人就像太陽一樣，並不是因為眾生需要才活著。不論眾生需要與否，聖人都同樣地做自己。

水也一樣。水並不是因為天下眾生需要才存在的。因為，水就是一種很自然的存在。如果你本身就是一種存在，並不是為了什麼而來，也不是為了什麼才存在，那麼，你就是永恆的，無始也無終。這就是大道之理。

居眾人之所惡

人也要向水學習「居眾人之所惡」的品性。

那些不被眾人接納、被大家厭惡的汙穢與垃圾，對水來說都無差別。水並沒有清淨的概念，淨化本身就是水的原有功能。水無需去逃避或排斥什麼，水也不是因為沒有

汙染才乾淨的，水自有蘊化的過程。現代的生活垃圾、工業廢水都投入到了江河湖海，對水而言這不是害，其實，這些汙染害的是人而不是水。這些垃圾和毒素最終流到海洋卻不能被大自然分解，積累到一定程度的時候，必會回到人類身體，最後導致人類滅亡。當人類滅亡以後，大海將會恢復清澈與乾淨。

對大海及陸地上的水而言，人類僅是過客。不管地球有著什麼樣的過客，水都能接納和包容，它對各種生物都是同樣地付出。其實，水也沒有什麼付出不付出的概念，只要萬物需要，水就會給。因為它自身一直在循環，無窮無盡。這就叫做「道」。

一般人在現實中能否做到這點，關鍵還是在於自己有沒有起分別心。比如，你有一位很虛偽、卑劣、令人厭惡的同事，因為同事並不會陪你過一輩子，所以，你能否只把他當成人生裡的一個過客？當你看到他那種卑劣行為的時候、當大家都厭惡、排斥他的時候，你能否端平自己心態？這件事並不存在著什麼包容和接納的問題，令人厭惡的同事只不過是個存在而已。這就是我們要向水去學習的心態。

第二節　兵無常勢，水無常形

剛與柔、弱與強，都是陰陽的轉化。至柔者必至剛，至弱者必至強，這是陰陽消長轉化的定律。

剛柔並濟的水德

但是，一般人可不能因為學了這個，就刻意以柔弱自居，就表現得像水般地特別柔弱。

水不需刻意。《孫子兵法》說「兵無常勢，水無常形」，水也有特別剛強的一面。所以，在世間運用這種智慧的時候，不能只學習水接納與包容的一面，不能只學習水柔弱的一面，那樣太片面了！

水是變幻莫測的。水有處於最低一面的時候，也有處於最高一面的時候，這叫做「因勢利導」。比如，在戰爭運用兵法時，如果將帥沒有透徹理解這個理，沒有徹底掌握道，一個錯誤的理解就可能讓千軍萬馬直接覆滅。

有部從上古傳下來的兵法著作《軍讖》，這本書早已失傳，但仍可從黃石公的兵法書《三略》裡看到它的影子：

「《軍讖》曰：『柔能制剛，弱能制強。柔者，德也；剛者，賊也。弱者，人之所助；強者，怨之所攻。』柔有所設，剛有所施；弱有所用，強用所加；兼此四者，而制其宜。」

兵法講的就是柔和剛、弱和強的變化。

「柔有所設」，柔並不是一味地柔，而是精心設計的。「剛有所施」，剛藏在柔的背後，到了該剛、該強、該硬的時候，就要一下子攻擊出去。

「弱有所用，強用所加」，這就是弱和強。要想取得戰爭勝利，就必須深切地領悟柔和剛、弱和強，然後學會運用「兼此四者，而制其宜」。

弱和柔、剛和強都是手段，應用時要看是針對什麼人、在何時機，目的全都是為了勝利。所以我們既不能一味地柔弱，也不能一味地剛強。

在現實中，很多人都覺得要取得成功或勝利就必須比大家都聰明，比任何人都有能力，比其他人都強。其實，這樣一味地剛強，到最後就是死。剛者折、強者挫，這是必然的。至剛的人就是脆，一定會被人折斷。強大的人，一定會被人挫敗。所以「高山仰止，風必摧之，木秀於林，人必伐

之。」總是一直表現得最優秀，比別人都強，就會成為大家群起攻擊的目標。

風力在最高的山峰最大。最高的山巔就得承受所有山都承受不了的大風。因為，風第一個侵蝕的就是最高的地方。工人伐木，一定是選最漂亮、最高大的樹來砍。如果你在森林裡是最高大挺拔的樹，人家第一個砍的就是你。所以，有時要懂得隱藏、知道卑下，這是一種智慧。如果你以為大家都會因為你的剛強和才能而羨慕、跟隨你，那就錯了！大眾絕不會這樣的。所以人要向水學習，要知道並非一味剛強就會成功。

水德，入道之門

《道德經》傳達了要因勢利導，該高的時候就要比誰都高，該卑下的時候就要比誰都卑下——但，這可不是永遠都要卑下。強弩也有力竭的時候，所以不能一直張著弓，一定要在力量最大的時候就發箭。如果一直張著弓，過了那個勁之後，強弩都得折掉。所以，兵無常勢，水無常形，這就是從大道領悟出來的人生智慧。

　　研究水，能學到很多。因為水近乎道。道無垠廣闊，深邃高遠，摸不著也看不見。道太虛了，我們摸不到它的邊際，不能知其毫端 (註)，所以就向水學習。

　　水變幻莫測，時有形，時無形。有形的水，居高不傲，卑下不爭，利萬物而不索取。水看似卑下不爭，看似能接納一切的惡，可是在無形中，水氣升騰起來在天空形成雲，雲高過地表的萬仞高山，不知不覺就到達最高的位置。水由無形之處達到最高處，而人又都沒看見這個過程，又怎能跟這種無形的對手去爭？

　　所以，聖人做事都是因勢利導、潛移默化。當你發現聖人已經站在高處時，就只能仰望。因為這時候的聖人就像天上的雲一樣，普通人對如此崇高的人半點辦法也沒，根本沒資格跟他爭，因此也就沒有爭的想法了，只能臣服。

　　其實，水達到最高處再成形，這也是在澤被眾生。水不會提出任何要求去控制眾生，也不會因為自己位置高就看不起下面的眾生，這就叫做「道」。

*註：毫端，是細毛的末端，比喻極細微之處。最早見於《後漢書》南匈奴傳：「嗚呼！千里之差，興自毫端，失得之源，百世不磨矣。」

　　所以捫心自問，自己在做人做事的方面能否按照這個境界去要求自己？

　　世間有多少剛強或才華橫溢的人暴死、夭折，無法建功立業。去看看那些聰明的人、身居高位而自傲的人、那些企圖透過戰天鬥地來改天換地的人，最後往往都成了人民的禍害，不可能流芳千古。反觀自古以來的聖人，無論在品德或做事方面，都像水一樣因勢利導、潛移默化。周文王、周武王、周公、商湯、黃帝、堯、舜、禹、孔子，這些聖王哪個不具備水之德？

　　「上善如水」、「故幾於道矣」。水之德是人們修道第一個要學習的，這也是入道之門。

第三節　天道難窺，聖人指路

【居善地，心善淵，予善天，言善信，正善治，事善能，動善時。夫惟不爭，故無尤。】這段在探討人如何居其地、守原則，以及該抱持怎樣的心胸與心態。這段話就總結出「水近乎道」的特性了，並將之應用在現實的各個層面。

天道是難以清楚描述的

人要循天之道、應地之規。但，天道到底是什麼？水就近乎天道！

天道本是無形無象、琢磨不透、高深莫測的，但人能通過水的特性來總結出一些東西。但同時也要清楚這點：水並不等於天道！

水僅僅是大概、類似、相似而已。天道廣闊無際，蘊含著無數種可能。一旦有了形，就必定不是天道。沒辦法！為讓普通人也能大致理解天道，我們只能勉強用水去描述。所以，不能說這些水的特性就是天道，因為這只是天道的

一部分，甚至還不能稱為是天道的冰山一角。

人若想窺探天道，就只能看到自己現階段水準所能看到的那部分。至於究竟能看到多少，這跟一般人的心胸格局、修行深淺就直接有關了。

天道就像一座高山，求道者就像站在登山步道一樣。當人抬頭仰望這座自己要攀登的山，就會發現這座山高聳入雲、看不到邊際，我們只得一步一臺階地往上登，每一步都在尋求天道。每登高一個臺階，視野必會廣闊一分、看到的境界必會不同、領悟的深度和廣度也就不一樣。當我站在某個臺階的時候，就只能看到這個臺階所能看到的場景和境界。就算有人跟我再怎樣描述山頂是什麼樣，我也無法理解。

所以，聖人無法為一般人描述他所看到的境界，因為聖人看到的可能是最高境界，凡人很難理解。聖人只能用最簡練的語言來感慨一下：「太廣闊了，太無垠了，太了不得了！」聖人無法具體描述那個境界到底是如何地廣闊無垠、如何地了不得。因為，所有的境界都是一種感受，是無法描述的。

即使聖人能描述出來，一般人也聽不懂。因為一般人的程度都還只在山腳下，僅僅透過語言也無法理解、領悟，無法只靠聖人描述就能在腦裡構成圖像。因為人無法創造自己從未見過的東西。當還沒達到那個境界的時候，再怎麼動腦筋也無法想像出來。人的想像只能在現有的、見過的、聽到的、觸碰過的範圍內去延伸，無法超越該範圍，這就是人在生理結構方面的限制。只有見識過高深智慧，人的智慧才能達到那種高度，且永遠都不可能超越對方。

善知識與師父的重要

因此，才需要聖人。聖人已經站到足夠高的程度，已經打開智慧了，他看到的世界比常人廣大許多，但他又願意從高處下來引領大家。當我們看到聖人的時候，因為聖人的高度已在那裡了，就有可能朝向聖人的高度往上走。如果沒有聖人來引領，我們就永遠只能在山腳下，根本不知道山頂還有風景，也不知道還能再往上走。

人之所以有智慧，一定是最初有人見識了智慧，他見識到的那個智慧達到某種高度，大家才能循著這個高度而

上，但又不可能超越這個高度，這就是定理、定律。除非是智慧已達某種高度的人，又見識到比這還高出許多的智慧，才有可能再往上提升。如果從未見識過，人類整體的智慧絕不可能再繼續超越。

所以，聖人一再傳達想要多親近善知識，善知識在《壇經》裡稱為「大善知識」。聖人掌握了高度智慧，比一般人的境界要高出許多。所以，只要接觸聖人，也有可能提升到聖人的高度。如果從沒接觸過這樣的智慧，就一定想像不出、創造不出這樣的智慧。換句話說，如果從沒見識過修為這樣高的師父，就永遠無法提升到這個高度。所以，這就是大善知識與師父的意義所在。

學習經典的意義

這也是經典的作用。如果沒有聖人留下這些經典，人們就接觸不到更高的智慧。只有在接觸到更高的智慧之後，才有可能看見面前的高山，才有可能再向上攀登。如果連山都看不見，我們還能朝哪裡攀登呢？就只能永遠停留在這個高度了。

所以，聖人的最大意義就在他為大眾開啟智慧，把大家帶向智慧的最高處。世間的師父引領大眾、老師為學生傳道授業解惑，都是這個意義！

如果不曾學習經典，人就不知道還有這方面的智慧，腦中這個區域就是荒蕪的。一旦學了經典，認同聖人的智慧，腦中也就有了這個智慧。這個點就會在大腦形成網路，打開對應的區域。

打開潛能，這就叫做「開化」。打開了進化之門，這就叫做「教化」。所以，進化一定從教育中得來。我們親近聖人、親近經典，最終都是為了進化。

《道德經》每句話都是智慧的代表，都在說明應該如何從各方面、各種角度去看待人事物，這就是開化過程。否則，人可能會只憑自己感覺，只認准一個理，看見這個人好就是好，看見那個人壞就是壞，看任何事情就朝著一面去，在現實生活中做事偏頗。

比如，很多人就朝著成功去努力，最後功虧一簣，最後連自己是怎麼死的都不知道。這就不圓滿！如果沒有聖人的教化，人們就無法得知任何人事物都有它的另一面，也不

會知道應從多方位、多角度、正反兩面去看問題。

提升智慧，這就是學習經典的意義！

水近於道

聖人在這章用水來比喻大道，水近乎於道。老子提出這個「道」，就把宇宙最高處的智慧一下呈現在我們面前了。

《道德經》開篇就是「道可道也，非恒道也」，這點太了不得了，太可貴了。中華的聖人達到什麼高度，聖人看到的宇宙有多高，人類的智慧就能順著到達多高的程度。所以像老子和釋迦牟尼佛祖都是開啟普通人大智慧的聖人，因此要多親近他們。

當聽到了這個「道」之後，哪怕還不明白這個「道」究竟是什麼，但是，腦中與道在深度與廣度有對應的智慧（也就是這個領域）就被打開了。這時，我們應該做的就是不斷去了悟這個道、不斷去實踐這個道；在修行之路不斷地往高處走，具備更高的智慧，然後更接近道。這就是老子的可貴之處。

那麼，人怎麼進化、開發出智慧呢？這得個有更高的智慧展現在面前，讓人能夠看到、聽到、摸到這個智慧，大腦才能打開這個領域，然後人才能循著這條路再去進化。這個步驟就是一個定律。

所以，要感激教化眾生的這些聖人、要感激聖人們幾千年來為大家留下經典。這些經典都是智慧的方碑。人看了經典就能開啟智慧，並都該本著這樣的心態來學習《道德經》。

第四節　居善地，心善淵

《道德經》第八章在第一句指出水具有值得學習的德性，接下來就逐句闡釋水德能帶給人們怎樣的處世智慧。

居善地，適合是門學問

【居善地】這三個字是什麼意思呢？

當我們仰望星空的時候，必須腳踏大地，必須有個實實在在的處所。這個居處是個廣義的概念，不僅代表狹義的住所，也代表我們在人群當中的位置。位置、身分、名義，這些也屬於廣義的「居處」。

何謂「居」？在做任何事情的時候都要先找對自己的位置：自己在人群裡是怎樣的身分地位、扮演什麼角色？當然，「居」也包含了我適合住在什麼地方……，這都是「居」的意涵。這裡面有非常大的講究，不能隨便選。

「居善地」這一詞就是說，「居」要找到好地方（善地）。「善」在這裡的意思就是適合、恰當。「善」本身並沒有特定的標準，不能說最高就是最佳，也不能說最低

就是最佳，只有最適合者就是最佳。我在人群當中的位置要適合我的身分、地位、名義、名稱、角色，這就是道。

什麼叫做「適合」？這要因人而異、因地而異、因環境而異。在這群人當中可能由我當領導者、處於最高地位就是最適合的；但換了另一群人，環境一變，也可能會變成讓我處於最卑下才是最適合的。

這個「善地」沒並有統一的標準，會隨著環境與人而變化，唯一的不變標準就是「最適合」，因此要不斷地去領悟這個理。

所以，不要執著到哪都要當領袖、到哪都要地位最高。你在這個環境下、在這群人裡面當領袖很舒服，大家也都擁護你。可是，換了一群人，如果你還想當領袖，言行高調又不知收斂，但別人也想當領袖，也許你就會被別人害死了。所以，什麼叫做「適合」？還是要像水一樣。水能居最高處，但絕不以自己的高而自傲。它既能居最高處，也能居最低處，可上可下，能屈能伸。

這個理，也就是前面講的柔和剛、弱和強的關係。柔不可以一味地柔，剛不可以一味地剛。

《軍讖》曰：「能柔能剛，其國彌光；能弱能強，其國彌彰；純柔純弱，其國必削；純剛純強，其國必亡。」要讓軍隊百戰百勝，就得妥善處理柔和剛、弱和強的關係，然後靈活地去運用這種關係。帶兵打仗、學兵法，先從這裡學！

在現實中，人是群居動物，人和人之間是一種競爭的關係，既可以相互協助、合作而得到更大利益，又可以因利益而分裂、衝突、爭鬥。人處處都在爭，處處都想得到最大的利益，生存的本質就是叢林法則。想要在人群、社會生存，就必須具備高超的智慧。

順天、應地、人和

不論為人處世或做事，想要平安、長遠和成功，都必須具備這三方面：第一要順天時，第二要應地利，第三是人和。

天時是天道恆常，天時也代表普通人的命。命有起有落。天時是大的時局、大的環境，這是無法靠人為轉移的，天會按照自己的規律去運行，所以人只能順天。

當人知道「天有不變之規」的運行規律之後，想要做事成功還得去對應大地的變化，選擇地利。應地利，這可稱為

狹義的「居善地」。

　　地的本性多變。有些地方是肥沃的土地，有些地方是大沼澤，有些地方是鹽鹼地，有些地方是大沙漠，變換無窮。想種莊稼的話，那就得選擇適合種植的肥沃土地，不能把莊稼種在沼澤地、鹽鹼地或沙漠。察地之形，因地制宜，這就叫做「應地之利」。

　　地有地利，地利其實是有地勢的，地勢下面有地之能，每塊地散發的能量是不同的。只要清楚掌握地利，不論是帶兵打仗、安營紮寨、選居住地，或是做大事業，都需要選合適的地來與人相應。所以，古人有一套專門針對地的勘察學問，叫做「堪輿學」，俗稱「風水學」。

　　要知道天道恆常的規則，通天以順，通了才知道天是什麼規律，才能去順應這種規律。除此之外，人還要應地之利，堪輿學就是一套教人堪地利的學問。

　　人居天地之間，是天地生養的萬物之一。天地是人的主宰，人之所以存在，就是因為有天地生養。人要掌握天地，必定是先知道了天地的規律以後，才能主動掌握並進而運用天地的規律，這才是主宰。人如果什麼都不懂，在

天地之間就只能被天地左右。因為，不知曉天道，不了解地規，就無法知道大地這些山川、地脈如何運行的規律。不通曉大地變化的規律，你住的地方就很難是「善地」，最後必受其殃。

天地生養人類。人必須先知天知地才能順天應地，然後才能左右天地，達到最大利益。也就是說，人的手中掌握著天地，天地被人利用，而不是人被天地奴役。

人和天地的關係就像孩子和父母。父母有很多孩子，不會因為生養這個孩子，就變成做一切事都為了他。雖然父母是無私的，但是，每個孩子受到的待遇不可能一樣。

有些孩子瞭解父母的脾氣秉性，這樣的孩子就能掌握父母。媽媽喜歡聽好話、喜歡乖順的孩子；那麼，這孩子在媽媽面前就又乖又順，會說些好話哄她。只要媽媽高興了，孩子想要什麼，她就買給他。爸爸喜歡勤奮的孩子；那麼，這孩子在爸爸面前就表現出努力上進的樣子，如此一來，爸爸就會多多獎勵他。

但有些孩子並不懂得爸爸媽媽喜歡什麼，只是一意孤行。爸爸喜歡勤奮的孩子，這孩子卻比誰都懶，還妄想從

爸爸那裡得到獎賞——這當然是不可能的！媽媽喜歡聽好話、喜歡孩子誇她漂亮；只要媽媽一高興，就什麼都願意買給孩子了。但是，這孩子不但跟媽媽頂嘴，還說她醜；所以，這孩子也不可能從媽媽那裡獲得他想要的東西。這就是逆天違地！孩子對父母都是這樣了，何況是人對天地。

順天應地就是這個道理——先得瞭解天和地的秉性。聖人這些經典就在傳達：天道是什麼、人怎麼去順天；地的變化規律是什麼、人怎麼去應地。

順天應地以後，就能為自己的生存和繁衍創造最好的環境，獲得最大利益。這就像是父母都在供養孩子一樣。孩子想要什麼，父母都能滿足孩子的需求。這樣，就能從天地之間得到最大利益，這就是吸天地之精華。

所以，古代的聖賢和智者必定是上知天文、下曉地理、中通人事。天的恆常不變之規叫做「道」。人透過斗轉星移就能知道天的變化，順勢而為就叫做「順天時」。大地在變化之前必有徵兆，掌握了堪輿學（風水學）就能知道大地山川的脈絡，知道地的變更到達什麼階段，自己居於何處最有利。比如，在洪水氾濫的季節，就要遠離河道、

不能住在窪地了。這時就要有先見之明，提前遷移到高處安居。比如，在地震頻繁的時期，地下能量湧動；那麼，這時就要有先見之明，去尋找平坦廣闊之地，不可住在山上。

所以，居地之利就要通堪輿學，察看什麼樣的能量場域與我相合。堪輿學不僅包含陰陽，還有天地人、五行、八卦等概念。在現實生活中為人處事，隨時都要懂得天時、地利、人和的概念，並隨時應用。

人心是變幻莫測的，大地的變化是有規律的，天道是恆常的，因此如何把握天道，如何利用大地的能量，如何掌握人心？這就需要上知天文、下曉地理、中通人事。古之聖賢都通曉這些學問，但現在的人都不懂了。所以，一般人學習聖人的經典，就是要學這些東西。

「居善地」不僅僅是狹義地指出人要慎選居所，同時還廣義地指點出我們應該妥善選擇自己在人群中的地位──這就是把握人心，也是我們居天地之間要做好的事情。人群中的位置有高低上下之分，適合自己的就是「善地」。

心善淵的基本意義

【心善淵】。這裡的「心」代表的是心機，心胸，心胸格局。「淵」主要指的意思就是深。「善淵」的意思是：做人不能太純真平直、不能太率性。

有些人看到這裡可能會困惑：「修行不就是要修直和真嗎？修直心是道場，這裡怎麼還說要「心善淵」呢？」要知道，直可不代表淺，真可不代表純。純真淺平就會被人一覽無餘，被人一眼看透，這是非常危險的大忌！真正的成功者、真正的聖賢，心機必定淵深幽暗。

聖人傳授的都是陰陽的理。所謂的真、純和善就是陽，你一味去追求那些就是陽盛。陰是深深的心機，像深淵一樣讓人琢磨不透。這裡自成陰陽，所以，你的心也一定要講究陰陽平衡。

聖人明白表達了，在心胸、心機、心胸這個角度怎麼去開啟智慧，叫做「心善淵」。

「善淵」的意思並不是一定要心機深沉，但也不能說純真率性、一覽無餘就是對，也不能說心機深不可測就是

對。心機一定會呈現在言行舉止、與人溝通的方式，這叫做「善」。這個「善」字，體現出來的就是「道」，我們要去把握這個「道」。

善淵，靈活的心理調適

「善淵」就是指在不同環境下，面對不同人，都要從容地把握心機。

水無常形，高低皆可，因勢利導。法無常法，謂之「恒」，這才是不變的定律。心機也如此。並不是說一味地直心坦蕩就是好，也不是說一味地深不可測就是好，這當中的平衡點都要自己去把握。見什麼人說什麼話，對什麼人用什麼心，這叫做「善淵」。把握好這個原則，心既可以高遠純真，又可以深不可測。所以，我的心會表現出什麼狀態，就由「面對什麼人」與「在什麼環境」這兩個條件來決定。這就是「心善淵」，變化而不拘，沒有固定模式。

一旦模式固定，離道就遠了。如果一味地心機深沉，所有人對你的評價就是心機太深、看不透，這導致誰都防著你。但若只是一味坦率，想什麼就說什麼，任何人看你

都一覽無餘，那你在社會上根本就活不了。所以，不要去標榜自己的模式！人心本來就是善變難測，對什麼人、在什麼環境要做出適當的應變，這才叫做「善」。

應變的前提是有空間，所以，平時要打破分別心。如果你認為做人純真率直就是對，心機深沉讓別人看不透就不對，這樣就會侷限自己。只允許自己的心平直坦蕩，不允許有深淵。在這種分別之下，碰到應該把心深藏起來應對的人就會還一味地坦蕩，結果最後就被人所害。不會應變，可不是「善」。

「淵」這個字其實也指空間。只有在廣闊的空間，心才可以既高遠又深沉。這樣的人才能遊刃有餘，也才能擁有更多的機變。這就是智慧！心總處於一種很合適的狀態，該深沉的時候誰也看不透我，該高遠、平坦、純真的時候，誰也沒有我純真。這種應變就叫做「善淵」，同時要好好體會「善淵」這種處世智慧。

第五節　予善天，言善信

「予善天」這句話在各個版本不同，現在流行的版本都是「予善人」。當然，帛書版的「予善天」也不一定就是對的，流行本也不一定就是對的。《道德經》之所以難講的原因就在於此！每個版本都有諸多不同。除非現在老子復活，由老子親自一句句地校對，否則我們不能說哪個版本是對的。

但是，萬變不離其宗，不管《道德經》的版本、順序、字詞怎麼變，全書各篇內容都必定帶有這個宗旨：大道的整體性、合一性是絕對不會變的！如果連這個都變了，那就有問題。

所以，不管《道德經》不同版本使用什麼字、怎麼分段，對解讀其實並沒有太大影響。整部《道德經》就是要讓人來領悟這個宗旨的。所以，只要掌握了大道的整體性，在解讀時不離宗旨就好。

予善天，不驕嗔的心態

【予善天】的「予」從字面來解釋，就是給予、施恩、施以恩惠。現實中，不僅有人與人的溝通，人與天下萬物也都有溝通。溝通是個互換的過程，互惠、互利，或者互害、互相衝突。

「予善天」就是說在溝通的過程中，應該本著什麼宗旨才是有智慧。這點非常重要，涉及到人與人之間溝通的EQ(註)。

我們怎麼待人，別人就會怎麼待我。予和被給予，就是給予和接受，人從出生到死亡的過程無時無刻刻都在發生。

想要做好溝通，就要向天道學習。天普照萬物、生養萬物，利萬物而無所求、無所取，這是一個基本原則。只有做到這個基本原則，在人與人之間溝通、予和被予的過程中才能夠妥善把持心態，處理好各種關係，自心不會生

*註：指情緒商數，Emotional Intelligence Quotient簡稱。

怨，也不會因此而墮落。

天並不是為了給予萬物什麼才存在的。天只是按照自己的規律去做自己的事。天不會為了任何人事物去多做些什麼，也不會因為討厭某個人事物而少做些或者不做。所以，在人與人相處的過程中也要循這個天之道，只做好自己該做的事，不會因為喜歡誰而去多做些什麼，也不會因為恨誰而少做或者根本不做。這就是天道，必須好好地領悟，這個道理可不淺！

一般人平時在與人的交往當中之所以會有諸多怨恨，一是覺得別人對我不公平，厚此薄彼。領導都只對別人好，父母都只對其他兄弟姐妹好，覺得自己受到了不公平待遇，覺得被人冷落了，因此心有怨氣。二是我對別人付出很多，結果對方既不感恩也不回報，因此就心生怨恨。這些都是因為心理不平所產生出來的。

如果不理解「予善天」的智慧，人就會經常因為上述兩種情況，在給予與被給予的過程中心生怨恨。

所以，當自己給予別人什麼的時候，就要想想天道。天生養萬物，但是天不會對任何人事物給予特殊關照。也因

此，萬物怎麼對待天，天都無怨無悔。人在給予的過程也要向天道學習，只做自己認為該做的事，只做好自己，而不是為了誰而去做。秉持這樣的心態，那麼，誰對我感恩、誰對我怨恨、誰說我不公，其實都沒有關係了。

當別人給予我，我是被予的一方。被予者就像天下萬物一樣，即使天地不公，自己也得放平心態。誰給我多少？誰在不在乎我？誰關不關注我？其實全都是別人的事！自己生長在什麼環境之下，碰到什麼樣的人，這其實跟天地並沒有關係，跟那些人也沒有關係，全都是我自己的事，這就叫做「緣」。

身為萬物的一份子，不要總覺得老天不公平，因為天地本來就是不公、無情的。如果你天天都覺得不公平，就會一直心存怨恨，認為誰都對不起你。被予毒人就是被給予、被生養的一方，正確心態就是順天。

天不圖報。萬物感恩天，是萬物的事；萬物罵天，那也是萬物的事。可是，如果萬物順了天，就能多得天之力。生在大樹底下的小草，陽光都被大樹給遮蓋了，小草可能會怨恨太陽為什麼不照耀它。但小草已經長在這裡了，它天天

罵太陽會有用嗎？罵是沒有實質意義的，所以要改變怨天尤人的心態，要努力給自己創造更好的環境、得到更多生養的機會。其實，上述例子的小草生長在樹底下還算是好的呢！有些小草一生出來就被石頭壓住了，但是，這樣的小草只要透過堅韌不拔的努力，也能頂開石頭。

從經典學到這種智慧並應用到現實生活，心態就能平靜下來，不怨天不尤人，做好自己，這點非常重要！很多聖賢都曾歷經磨難，但他們不會把時間和精力浪費在怨天尤人上面，只是堅韌不拔地去做自己該做的事。如果生存環境不好，周圍都是惡人，聖賢不僅不會失去自我，還會想辦法去改變環境，甚至最後把整個環境都給轉變了。這樣的聖賢不是逆天，而是掌握了「予善天」這個天道的原則。

所以，在與人交往的過程中也要知道「予善天」這個宗旨和原則。當自己高高在上的時候，要不驕不橫，像太陽一樣地普照大地，對萬物沒有要求，也不去控制萬物。當身居人下的時候，則要堅韌不拔地去改變環境，為自己創造生存機會，不要怨天尤人。以上就是我從「予善天」這句話得到的智慧，請大家好好領悟。

在這裡只是拋磚引玉，其實「予善天」這句還能擴展出很多意義；但是，話不能說滿，理不能點得太透，太透就不叫點了。話說滿了，理講透了，讀者就沒有獨立思考的空間。這也是天之道。有餘即不滿，過了就是盈，太滿了就得溢出來。凡事都有陰陽之道，講經說法就是點而化之，給聽者留下無盡的思考空間。這樣持，聽道者才能成長，才能真正地增長自己的智慧。

言善信，適當的變通

【言善信】，「言」是說出的話。普通人對「言善信」的理解就是：對說出的話一定要信守，給了承諾就要做到，這就是言而有信。我們認為聖賢一定都是言而有信、金口玉言的。跟這樣的人做生意都不必用簽合同，因為他答應的事一定能做到。

但要注意的是，聖人在這裡說的是「言善信」，並不是「言而有信」也不是「言必信」！

聖人怎不說言而有信或言必信呢？如果這裡是寫言必信，那就不是聖人的話語，也不是智慧了。但聖人也不是

言而無信。因為，言必信和言而無信是兩個極端，所以聖人都不會去做。

　　真正的聖人智慧叫做「善信」。聖人有時候最守信譽與承諾，但有時可就不一定了，甚至是必定不守！為什麼？因為，所謂的「善」是適合、合適，這才是智慧。如果堅持言必信就是聖賢之道，就會被這個「信」字給束縛，做事的時候就會受到侷限。如此一來，就變得片面，那不是道而是術！所以，我們要看到底是面對什麼人、什麼事、處在什麼環境，然後再談信或不信。這就是「善信」！

　　這點智慧就得自己去領悟了。要知道，信與不信是相對的。並不是說守信就一定好，也不是說沒守信就一定不好。什麼時候說什麼話，對什麼人用什麼原則，這就是「善」的原則。

　　自古以來，聖賢最會掌握「善」的原則，總讓大家感覺聖賢都是言而有信的，其實不然！看看歷史，那些秉持一定要言而有信的，其實都是僵化固執、不知變通的人。僵化固執、不知變通可不是智慧！

　　《孫子兵法》的第一句「兵者，詭道也。」什麼叫做「

詭」？兵法裡面全是這種思維。比如，主帥聲明了要從某處進攻，而且人力和物力也都往那裡調動了；試想，敵方知曉了是不是就會在那邊防禦呢？但實際上主帥要進攻的並不是那個地方，他只是聲東擊西而已。這是不是騙人，說了不算數？沒錯，但戰爭追求的就是勝利。守信得看是針對什麼人。對朋友要言而有信，為君者對子民要言而有信；但是，領兵者面對敵人就要有謀略了。

歷史上的聖人都特別擅長運用這種詭道。在對峙時做些言而無信的事，大家只會說他有計謀、有智慧、會用兵、做事能成功。但是，這樣的領導給人感覺就是特別地可靠、言而有信。這就是「善信」！

聖人善於把握這種製會，知道什麼時候該言而有信，什麼時候該用計謀達到成功還令世人不覺反感，這就是高超的智慧。

如果只重計謀，最後給大家的感覺就是言而無信、詭計多端，那也不行。所以，還是得做到「言善信」。

上古經典對陰陽轉化規律的不同講述

《道德經》揭示了陰陽的定律，在八十一章裡舉出許多例子，從不同角度來講述陰陽如何轉化。

如果直接告訴讀者陰陽轉化的規律（大道應用在現實中的規律），讀的人根本不知道該如何應用。所以，聖人通過各方例子來講述陰陽是怎麼轉化的，最後又怎麼合二為一、天人合一達到道的化境。這是最高的智慧，這就是《道德經》！

《黃帝內經》講述人如何通過五行生克來轉化陰陽，達到陰陽的相對平衡，最後合二為一。《黃帝內經》特別強調五行在現實中的運作。

《易經》則強調八卦如何相生相剋，宇宙中這八大基本要素怎樣地相互作用，最後達到陰陽平衡、天人合一的狀態。

這幾部經典，說的其實都是同一個理，只是角度不同。所以《道德經》的宗旨就是教導人們怎麼把陰陽變化的定律應用在現實中的各個層面。

第六節　正善治，事善能

【正善治】的這個「正」通政治、政權的「政」。

什麼叫做「善治」？《道德經》已在第三章裡探討過政治議題。

《道德經》第三章提了很多治理手段：「不上賢，使民不爭；不貴難得之貨，使民不為盜；不見可欲，使民心不亂……」只是，該章到了最後卻用一句否定了前面的內容，表示聖人才不會這樣治理！因為，所謂的「虛其心，實其腹，弱其志，強其骨」是有為而治、有形可治；「使夫知者不敢為也」則是真正有智慧的人不會做的極端手段。第三章最後一句就是「為無為，則無不治矣」！

善治，就是循天之道

《道德經》在第三章講了很多關於「正善治」的正反例子，結論就是：要治理國家、管理眾生，「無為」才能做到「無不治」。無為而治就是「善治」，就是循天之道。

「無為」是從天道衍生而來的，按其規則、規律來自然

地運行，不要求、不主宰、不控制。

「無為」並不是「不為」，不等於「無所作為」，不代表什麼都不做。「無為」是後世對道的最大誤解，很多人把「無為」當成了無所作為，當成了消極，當成了什麼都不在乎，什麼都不主動爭取。

後世對《道德經》的誤解，不僅「無為」這一詞，還有「不爭」。很多人把「不爭」誤解為不知進取，還美其名曰順其自然，這是不對的！「為無為，則無不治矣」，這叫做「正善治」。

事善能，做事要知進退

【事善能】裡的「善能」，意思是都能成功嗎？如果做任何事都能成功，那就不該叫做「事善能」了，應該改叫做「事必能」或「事必成」。如果是事必成，那就不是道，就不是聖人了！

其實，「善能」可以這樣理解：做任何事，該成的時候就讓它成，不該成的時候就不讓它成。所謂的「善能」不以成功與否為唯一標準，不是只有成了才對。聖人做

事，有時候要「能而示之不能」，這才是智慧。並不是一味地能、一味地成，就能當聖人了。你認為聖人做什麼事都能成、都是事先預計好的，那就是誤解。甚至，一些本來能成的事，聖人故意不讓它成，或者故意設計成屢戰屢敗，這就是「善能」，這是大道的智慧。

歷史上那些功高不震主、永遠遊刃而有餘的人是怎麼做到的？必是知進退、真正有大智慧的人。在解救國家和君主的危難之後必定會變得功高蓋世，他馬上來個看似愚蠢的失敗，或輕易被人抓住把柄去整治自己，這就是智慧！有大智慧的人能夠把握進退，知道何時該成功、何時該失敗，並不是一味地做什麼都要成功。這就叫做「事善能」，是做事的原則。

歷史上有太多這樣的人了！比如三國時代的政治家司馬懿，他計謀深遠，上知天文、下曉地理、中通人事，絕對是大賢大聖。但大家看了空城計的故事之後都會笑話司馬懿，說諸葛亮只彈一曲就把他嚇走了。你以為司馬懿是傻的嗎？他怎麼就這樣功虧一簣呢？這叫做「智慧」。從司馬懿的角度來講，如果一味求勝，早就把諸葛亮滅掉了。但是，

滅掉諸葛亮以後，司馬懿自己會是什麼下場呢？必定是功高震主，飛鳥盡、良弓藏。所以他怎能讓諸葛亮死呢？司馬懿把諸葛亮玩弄股掌之間，而不是一味地戰勝。在什麼時機要讓諸葛亮活，在什麼時機要讓諸葛亮死，都有通盤的考慮。這才是「事善能」，會做事。

而普通人平時做事，就只一味地想成功，以成敗論英雄，這就是沒有智慧！一般人要從《道德經》學到大智慧，要知道怎麼做人、做事，因此更要好好理解「善能」的這個「善」字：成功不一定就是好的，失敗未必就不好。

看看曾國藩，他歷經數年的嘔心瀝血，以一己之力滅了太平天國，居功至偉。要是沒有他，清朝當時就亡了。但是，曾國藩在功成之後卻立刻解散他的軍隊，並向朝廷上書自貶、自責、自罪。這種人有大智慧，所以後面才能得善終、留美名。曾國藩就是從天道得到這種智慧，所以是大賢。天道講究不盈不滿；太盈太滿了，天必毀之。

一個「善」字，代表像水一樣地無形無勢、因勢利導，這樣才可以長久，這就是道。

動善時，意即伺機而動

【動善時】。這裡的「動」是指行動。

當我們起心動念要做事的時候，並不是每天都動起來去努力做事。動也得看好時機，這叫做「善時」。該動的時候就要動如脫兔，比誰都快；但是，該靜的時候也要能靜如處子，靜得下來。動靜恰如其時，這就是「善」。

像是高人出山與不出山，也有個時機點。高人自有其標準，必須要審時度勢。該出山的時候，高人就算是毛遂自薦也一定要出山、投入俗世。不該出山的時候，誰來請也請不出去。真正的得道之人絕不會急功近利，他看的必是長遠與整體。

現實中進行某項專案，我們也得隨機而動，要看這項專案是否滿足了天時、地利、人和這三個條件。如果天時不利，我絕不能動。如果天時還沒到，也絕不能動，早動了必遭災殃。就算是好事，提早動了也會變成壞的，這就是不順天時。

地利是大的環境、具體的市場行情、國家政策之類，

如果具體條件還沒達，我也絕不能動。當天時有了，地利也到了，還要看相應的人是否到位。一切事情都是人做的，人沒到位也不能動。必等天時、地利、人和都到位了，才會相機而動，這就是「動善時」。

又，常人都以為一味地辛勤工作才是對的。殊不知，有時反而是愈動愈錯。在整個行情不好、大勢不利、天時不到的時候，宜靜不宜動。

動靜有時，就是大道之理，我們在做事的時候要考慮這些方面。

第七節　夫惟不爭，故無尤

【夫惟不爭，故無尤。】很多人對這話的理解有很大的偏頗，認為大道自然，所以要不爭不搶，不和任何人起衝突，守大道之理就是清靜無為。

當然，人如果什麼都不爭，跟誰都不起衝突，當然會無憂無慮。但是，連草木都得去爭取陽光，何況人呢？大道難道就是這樣的清靜無為嗎？

其實，大道本身就是弱肉強食，適者生存的。強者才有生存的權利，才能獲得生存的空間和資源。就算是爭，也未必能爭到那個空間和資源，哪還能不爭？人生在這世上，最基本的需求就是生存與繁衍，動物和植物也是如此，天下萬物都是如此。生存空間、繁衍的權利和品質從哪裡來？都是從爭中而來的！

爭而不爭，這才是循天道

如果學道了就變得不爭，為了清靜就全都放下，還以為這就是所謂的「無為」，那你連動植物都不如！最後就只

是一個被社會淘汰的人，還說什麼想成為聖人！要知道，世上哪有聖人是不爭的呢？你以為聖人都是清靜無為，不爭世間名利的，那是因為你只看到表面。

世間不爭的人有的是，得過且過者有的是，逃避現實、天天在家做啃老族的有的是。那些人都不爭，但那是聖人嗎？真正的聖人能從億萬眾生中脫穎而出，用的是「爭而不爭」的最高智慧，這才是循天之道。

這就像水一樣，洪水來的時候無聲無息，當你發現洪水的時候，滅頂之災就來了。最高明的爭，看不出來其實是在爭，那是無形之爭，那樣做的才是聖人。

如果從字面來解讀「夫唯不爭，故無尤」，因為我不與任何人競爭，不與任何人衝突，所以我沒有任何煩惱，是那麼回事嗎？如果你在這個社會上，連生存和繁衍都做不到，你怎麼會沒有煩惱？貧賤夫妻百事哀，也不知道該怎麼爭怎麼搶，作為社會最底層，怎麼能無憂呢？夫妻天天打架，因為沒有錢，交不起孩子的學費，連下一頓飯吃什麼都不知道。真正的不爭者，其實時時刻刻他都在憂，憂他的生存，憂他的繁衍，憂他的孩子。中國人如果全都

不爭了，立刻就成為全世界的奴隸。如果你成為奴隸了，你能不憂嗎？哪個奴隸是優哉遊哉的？

只有物質極大豐富，占據了極大資源的人，他才能真正地做到不憂。他有最好的生存條件，有最好的繁衍條件，才能做到優哉遊哉而不憂，不被任何人所控制，自己就是主宰。如果我是一個吃不上飯的貧苦老百姓，身無分文，但是我安貧樂道，天天給別人講「夫惟不爭，故無尤」，那能是道嗎？如果整個家庭、家族、民族甚至國家沒有任何的進取心，連生存都有問題，都成了別人的奴隸，那能叫做「不憂」嗎？所以絕不可以從字面去解讀《道德經》，如果從字面解讀全是錯的。

「夫惟不爭，故無尤」。「不爭」是表面，要記住這個叫做「爭而不爭」。

最高明的爭，最高境界的爭，就是無形之爭。那股力量是深藏的，是不顯露於外的，這叫做「聖人之爭」。就像《道德經》第七章講的「以其無私而成其私」，聖人做事跟凡人相反。凡人都是為了眼前利益去爭，連個蠅頭小利都能打得頭破血流。聖人反而是退而求其後，放下眼前

的利益讓別人去爭。但是，到了最後，聖人以其無私，才能真正地成就其大私。

不放下眼前的小利，怎能追逐大利呢？聖人心胸廣大、格局高遠、視野開闊，一眼就能看到遠處有座金山，而眼前這些不過是些蠅頭小利。所以，聖人都會放下眼前的小利，直奔金山而去。這看似不爭，其實是爭而不爭。當凡人為了眼前那點陳芝麻爛穀子打得頭破血流的時候，聖人已經站在金山之巔。等眾人發現的時候，只有頂禮膜拜的份，全都沒資格再去跟聖人爭了，這就是不爭而爭。只有像這樣站在金山頂端的聖人，才能無憂。

我對這一段的解讀只是拋磚引玉，給大家打開一扇門而已。解讀《道德經》的任何一句話，都要從道這個層面來理解。就像《道德經》第四章的「道沖，而用之有弗盈也」一樣，這就是宗旨、就是道！

第二章

功遂身退，天之道也哉

——《道德經》第九章

物極必反、否極泰來，

古人教導我們，什麼事都不要過度：

做事要留餘地、錢不露白、

當權勢大到一個程度時就要收斂，

否則，就會有禍端上身。

第一節　過猶不及，止於至善

《道德經》第九章

【揰而盈之，不若其已；揣而銳之，不可長葆也；
金玉盈室，莫之能守也；貴富而驕，自遺咎也；
功遂身退，天之道也哉。】

《道德經》第九章跟第八章一樣，還是在傳達：萬事不可走極端，不可過度，凡事都有原則。這是宇宙的定律，也是陰陽定律當中一項非常重要的觀念，叫做「陰陽的轉化」。

物極必反、否極泰來

陰和陽在一定條件之下可以彼此轉化。陰不會永遠都是陰，而是在現有的特定前提之下呈現陰性粒子的狀態與特點。陽也一樣。陰陽粒子皆出於一源，都是從太極生發出來的。

《道德經》第一章就傳達了，所有萬物的兩面性都是從同個地方出來的。任何一個有形之物，最基本的要素就是雙

向性，雌雄共體、陰陽共體。只是在一定的前提或條件之下而呈現陰性或陽性的性質。

當知曉大道之理（天道之規）的時候，在現實中做人做事就要遵守天道。這章就在說天道定律的「陰陽的轉化」。

陰陽在現實中可看成是對立的兩面。比如，成功與失敗、完美與不完美、好與壞、富與貧、貴與賤，這些都可以叫做「陰陽」。陰陽涵蓋了宇宙萬事萬物。而宇宙定律當中最基本的一個定律就是物極必反、否極泰來，也就是陰陽轉化的定律。

只有遵循這樣的定律，主動去把握事物的發展方向及趨勢，才能在世間得到長久的富貴、健康和幸福，或是長久地擁有自己想得要的東西，這就是智慧。而沒有智慧的人，即使可能會得到富貴、健康和幸福，但很快就會失去。凡是不遵循天之道和地之規的人都不會長久，最後結果都是毀滅。

適時停下，方能完滿

【揣而盈之】。「揣」就是「持」，意即向容器裡面灌水，這是個加持的過程。

說到灌水，都會認為灌得愈多愈好，直到把容器灌滿，這就是「揣而盈之」。「盈」的意思就是「溢」，如果水灌得太滿就會溢出。這時，拿起被灌得太滿的容器，只要一動，裡面的水就會向外溢出。

其實，「灌滿」是一個相對的概念，除非容器就一直放在那裡不動，否則，裡面的水永遠都滿不了。但那是不可能做到的，因為，只要要用到這容器時，就會往裡面灌水或移動它。

【不若其已】。「已」在這裡的意思就是止、停下來。這句「不若其已」的意思就是說要掌握這個標準，並非灌到極致才是滿。也許，這個容器只灌入80％的水，讓水在裡面有個可活動的空間，那就不會溢出了。所謂「滿」的狀態和境界，就是要在適當時機停下來，這就叫做「不若其已」。

做事不要追求最完美的境界，最完美即是到達極致。當事物到了極致的程度，就必然要向相反的方向發展，所謂「物極必反」。

「物極必反」是中華文明的智慧。什麼事都不要做過頭了，過猶不及。其實，與其做過頭還不如沒做到位！因為做任何事，若都想著要做到最完美、最極致、最精準的程度，雖說是必須要有的心態與境界。但是，真正在做事的時候，還要知道把握原則，心裡要抱持天之道、明白陰陽轉化的定律。並不是把事物做到極致就稱為完美，也不是做到最滿、最好、全都覆蓋就是完美。

一旦把事物做到極致，其實它也就要開始轉化了。當事物轉化的時候，這些好的、積極的、正面的因素，可能在一瞬間就會因一個偶發事件而全面反轉，陽就變成了陰。事情看似要成功、看似要完美了，卻在最後一刻突然反轉為徹底失敗，這就是「物極必反」。

所以，人做事都要把握一個標準，這標準簡單地說就是「80／20法則」（註）。當人心裡想著追求極致，但在實際做事過程中卻一定要留餘地，甚至留遺憾，不要真

的做到極致。比如，我心裡認定的極致是一百分，那麼做事的時候就要想辦法按一百分去要求。但事實上，當做到差不多八十分的時候，就得開始停下來。學會收斂、什麼事情儒學三綱領（註）當中的「止於至善」，是中華的大智慧。「善」就是完美，「至善」就是臻至最完美。「止於至善」，即將接近最完美的時候，我們得知止。「知止而後有定，定而後能靜，靜而後能安，安而後能慮，慮而後能得」，這就是儒學教的成功之道，是從「止」來的。

最後還得注意一點，「知止」並非什麼都不做，不是什麼都不在乎，也不是做什麼都得過且過。如果不去追求完美，不去追求精確，做什麼事都馬馬虎虎、差不多就行，這也不對。人還是要有一顆追求完美的心，但在做事的時候必須知道做到80%左右就是完美了。如果再繼續做下去，想做到100%，那就是不完美的開始，事物就要大逆轉了。

＊註：80/20法則（The 80/20 Rule）又譯為關鍵少數法則、二八定律等，最早由19世紀義大利經濟學家帕累托（Vilfredo Pareto）提出。意指在所有變數中，最重要的20%操縱了整體局面。

＊註：三綱領或稱為三綱，是《大學》開篇提出的理想人格，「明明德」「親民」「止於至善」，也是儒學「垂世立教」的目標。

現實中有太多這樣的例子！很多事情眼看就要成功，卻在離成功只差最後一步的時候發生各種意外、突然之間就失敗了。本來想把事情做到十分，十分就是完美；但是，基本上都會在做到九分的時候功虧一簣，最後那一步就上不去了。這就是陰陽轉化的定律。

我們無論做人或做事都要注意這點——留有餘地的美，才是真正的完美。要在適當的時機停下來，「不若其已」。

100%並不是真正的鋒利

【揣而銳之，不可長葆也】。「揣」從字面上解釋就是捶打之意。「揣而銳之」是指我們在做刀劍的時候，必須不斷地捶打刀劍，想讓刀劍達到最鋒利的狀態。但是，刀劍愈銳利就會愈細愈薄，薄了就容易卷刃。所以，當刀劍達到最鋒利狀態的時候，其實也是最脆弱的時候。所以，特別鋒利的刀劍一用就容易卷刃，又得重新去打磨才能再次鋒利；再用，又卷刃……。這就叫做「揣而銳之，不可長葆也」。對鋒利的追求達到極致

時，刀劍內部的弱點就顯現出來了。

為人也一樣。當我們把最精髓、最好的部分都顯露出來的時候，自己的弱點和壞的那部分也會同時顯露而出、再也無法藏匿。當你最強的時候，把所有力量都用來攻擊敵人的時候，看似一舉就能致敵人於死命，但同時自己卻也罩門大開，是你最弱的時候。

中國歷史上有很多著名戰役都是以少勝多、以弱勝強，這全都是因為強大的一方犯了這個大忌。

強大的一方拿出所有力量，想一鼓作氣地消滅弱方。這看似兵鋒銳不可擋，碾壓一切；但這時，強大的一方自身反而因此變得空虛薄弱。而弱勢兵少的一方就可避其鋒芒，轉而攻擊對方最弱的大本營，進而一舉殲之。在兵法上，歷史記載的戰役有太多這樣的例子了。

現實中，這樣的例子也比比皆是。如果不懂這個智慧、不知道運用這個規律，即使再強大也只是表面的強大而已。

過於鋒利的刀劍，其實是經不起碰的，一碰就立刻卷刃、廢掉了。在追求卓越的時候也要深知這個理。真正的

銳利，並不是最尖、最利、最容易切進或刺破敵人的銳利
程度，而是往回再藏個20％左右。這20％左右的鈍性，讓
刀劍不容易卷刃，故能維持長久，但刀刃同時足夠鋒利。

　　這就是原則：做什麼事都不能過度，否則就會同時外
露了致命的弱點。最弱處往往都隱藏在最強的地方，最強
之處往往也都是最弱之處，這就是智慧。這就是天道之定
律。該怎樣在人世間運用這樣的天道定律，才能夠常保富
貴與成功，這是學習《道德經》的意義。

第二節　金玉盈室，莫之能守

　　什麼樣的巨富和高官才能長久，甚是還能將權力與財富流傳後代？若研究歷史，一比對就知道。《道德經》第三章繼續揭示陰陽轉化的定律，教導大家要知進退，見好就收，這就是中華的大智慧和哲學。

錢不露白才能永保富貴

　　【金玉盈室，莫之能守也】。這個「盈」不僅是多，而且是滿到要溢出來的程度，根本藏不住，一定會被別人看見。財寶裝至房間的80％就已經很多了，但這程度別人還看不見。如果房間全都裝滿、溢出去了（「盈」），別人就會看見。

　　這句「莫之能守也」就是說，當別人發現你有這麼多金銀財寶的時候，或發現你露出特別厲害的才華和能力的時候，你的死期也就到了。

　　要想長久保持富貴、才能與自身性命，就要記住「絕不可外露」。這跟「是多還是少」並沒有關係。什麼是

多，什麼是少？可能有人會認為自己幾百萬的身家算是少的，要像別人幾十億身家那才算多。但對有些人來說，幾百萬就是一輩子都賺不到的天文數字，他自己能為幾百萬去殺人。

聖人一直強調「國之重器，不可示人」，這就是智慧！真正的好東西一定不能外露。藏得住才能長久。世間那些名作、名畫和古董，只有在不外露的前提、在別人不知道的情況，它們才能代代相傳。只要別人知道你有這麼名貴的東西，算計你的人就多了。你從此就家宅不安，禍事不斷。這就是懷璧其罪，被人盯上了。如果你沒有能力去保護名貴的東西，那麼，名貴的東西就是別人的，不可能再代代相傳下去。要是想長久地保存這些名貴的東西，就要永遠都不讓別人知道，絕不能外露！除非你不想再保存它了，要捐獻出去或變賣了，那才可以露出去，廣而告之。

這就是人生的智慧！做什麼都一樣，財富和權力是這樣，才華更是這樣！如果有了才華和能力就恨不得天下皆知，那是因為我們具備的只是普通的才能。如果具備了別

人無法掌握的特殊才能、才華及才幹，卻還不知深藏，最後必是死無葬身之地。

當你的財富與其他人都差不多的時候，這也許沒啥問題。但，當你有幾十億或幾百億的時候，再看看會發生什麼！

國外有位財經記者調查了兩百多個資產達超過十億美元且傳承五代以上的家族（其中有些家族傳承了十代甚至二十代），這位記者發現一個定律，這兩百多個家族基本上都不被世人所知，他們的企業不上市，而且每個家族都有家訓，處世低調、不張揚。

所以，現實中能讓財富代代相傳的家族必有一條基本定律，這定律就是：外人不知道他們家這麼有錢！

那些把財富顯露於外的家族，讓外人知道這些財產的存在，必定富不過三代。只有在別人不知道的時候，你的財富才能長保、才守得住，這就是人生的智慧。

當你沒有足夠的財富或權力，或者沒有足夠特殊的才能時，你可以向外張揚，讓全世界都知道你的長處、知道你屬害，因為，這樣大家才會看到你的價值，才會用你。

但是，當你真正擁有足夠多的財富、權力或才能的時候，就該收斂了，就得開始藏了，這樣方能長久。歷史上，有的是財權夠多又特別張揚的人，但都沒一個能有好下場。比如沈萬三 (註) 與和珅 (註)，都是「有了又不知收斂」的典型。

　　權力也一樣。如果有了大權還想擁有更多，那就是自己將死的時候。秦國宰相李斯輔佐秦始皇統一六國。宰相是一人之下萬人之上的地位。按理說，李斯當上宰相就該收斂、學會隱忍，但李斯卻不肯收手，還想要更多。秦始皇駕崩之後，李斯勾結趙高，謀害秦始皇的長子扶蘇，輔佐排名第十八的皇子胡亥上位。李斯為擁有更大的權力，就想控制皇帝，後來反而被趙高害死。李斯臨死前極度後悔，跟他兒子說：「現在咱爺倆想帶黃狗到郊外打獵，都

*註：民間傳說沈萬三是元末明初的江南巨富。因富可敵國，出資助了明政府修長城、建首都卻引起皇帝朱元璋忌憚，導致家產半數充公，沈萬三自己也被發配雲南充軍。

*註：和珅（1750年－1799年）清乾隆皇帝信賴的權臣與皇商。和珅利用職務之便聚斂錢財，在朝野結黨，用權錢打擊政敵。當太上皇乾隆帝駕崩後，嘉慶帝將和珅革職下獄。抄家時發現和珅光是黃金白銀與古玩珍寶的價值就超過清政府15年來的財政總收入。

變成不可能的奢望了。」

史上這樣的人實在太多，他們過於求全，到最後也不知收斂。真正掌握大財或大權的成功者都會遵守80／20法則，不把事情做滿，這樣才能長久。范蠡就是個典型的例子。范蠡在越國當三軍統帥，滅掉了吳國，建立了豐功偉績，但是，范蠡功成之後就身退了。范蠡後來又在齊國當了三年宰相，一人之下萬人之上。但他發現自己太圓滿了，武能滅吳，文能治國，富可敵國，家庭幸福，子孫滿堂，立刻掛印散金。范蠡每次發了大財，一旦財富外露到了人盡皆知的時候，立刻就散金於民。這就是收斂，就能保住身家性命。所以，范蠡不僅有文治武功的實績，還是商聖。人能夠攜得美人歸，且家族代代相傳，還以此積了大德，這都是道的智慧。

「金玉盈室，莫之能守也」，這是中華的大智慧，不簡單！很多人在沒錢的時候都知道收斂，在什麼也不是的時候都知道要夾著尾巴做人，不敢高調張揚，還能做到謙虛卑下；可是，一旦有了錢財、權勢，或者才華顯露出來了，就開始自信爆棚，做事高調，什麼都要做到極致。殊

不知，這樣子往往都會死在過度張揚之上。運勢達到最高
點還不知收斂的人，沒幾個能有好下場，全都長久不了，
這也就是富不過三代的魔咒。

富貴到了極點就要低調

【貴富而驕，自遺咎也】也就是這個意思：不知收斂
就會有禍端上身。

當你已經有了的時候，就不能再高調張揚，得學會隱
藏。愈是擁有，就愈得讓世人看不見，這樣才能長久。

易經裡乾卦有六爻，最高是九六，連皇帝都不敢自稱
為「九六」。到九五的時候才是最好的，也就是80%。所
以皇帝又叫做「九五之尊」。因為皇帝明白這個理，不敢
張揚高調。真正坐上皇位以後，皇帝自己就得隱起來。所
以，帝王的寶座都在最陰暗處，不可能搞得燈火通明，讓
大家看到皇帝金光萬丈。古代皇帝的冕冠垂著珠簾 (註) 擋

＊註：冕冠是古代天子、諸侯與卿大夫的禮冠，成形於周代，至秦代成為帝王
專用，至清代廢除。冕冠頂部是一塊用細帛包裹的長方形板子，板子前後綴珠
簾（冕旒），可遮住帝王臉部，營造高深莫測的形象，珠簾遇動會搖晃，也可
提醒帝王要舉止端正。

住臉，這也是為了隱藏自己。如果皇帝藏不住自己，天天顯露於外，權勢逼人，他也會沒有好下場。所以皇帝要稱為「九五之尊」，一再提醒自己要收斂，不可以做過頭。如果做到九六了，那就是「亢龍有悔」，龍飛九天也總有回頭的那一天。龍一旦回頭、被人打下去了，就是龍困淺灘遭蝦戲，虎落平陽被犬欺。愈是有權有勢者，就愈要韜光養晦，這是中華先祖的大智慧。

當然，這句話是對已經成功的人說的。如果你現在還只是個什麼都沒有的普通人，就開始不思進取，就不敢追求完美，事情還沒起步就不敢做了，這是不可以的。當你已經擁有大財，或是當了大官，或是修行有了大成，或是掌握了大本領，那就要學會韜光養晦。但是，在韜光養晦的同時也不可磨滅積極進取之心。韜光養晦是指在外表隱藏，不要將鋒芒顯露於外，但內心還是在追求更高的目標，這才是智慧。

「功遂身退，天之道也哉」。當大功已成，我選在這時退下來，並不是說我什麼都不要，而是知道收斂。愈是功高蓋世，就愈要知道謙虛卑下，愈要藏起自己的鋒芒。

第三章

營魄抱一

——《道德經》第十章

修身與治國有相通之處。

修身，先從摒除雜念與過多慾望做起，

修成如嬰兒般的狀態方能成為真人。

治國也如此！要捨棄小聰明與各種伎倆，

遵循天道行事，為無為，才能無不治。

第一節　營魄抱一，搏氣至柔

《道德經》第十章

【營魄抱一，能毋離乎？搏氣至柔，能如嬰兒乎？滌除玄鑑，能毋有疵乎？愛民治國，能毋以知乎？天門啟闔，能為雌乎？明白四達，能毋以為乎？生之畜之，生而弗有，為而弗恃，長而弗宰也，是謂玄德。】

《道德經》第十章的內容包含了修身之法，又涵蓋了治國之術。修身與治國其實不二，其為一也，都是同一個理。會修身者必能治國，能治國者必會修身。

形神不離是修身的總綱

【營魄抱一，能毋離乎？】指的是修身。「營魄」就是魂魄。「營」即魂，這裡指的是靈體或精神體，也可以稱為「神」。「魄」在這裡對應的就是肉身，可稱為「形」。「形神抱一，能毋離乎？」這就是講解修身之道。形神抱一，融合不離，這是修身的不二法門，是所有的修真修身的總綱。

　　《黃帝內經》並不是在講如何治病，內容講的就是修身修真。《黃帝內經》開篇即說明了修身修真的宗旨就是形神合一。整部《黃帝內經》從各個角度講述怎麼才能做到形神合一。只有形神合一，形神不離，人才能找到真我，才不會繼續向下墮落。

　　修身修真的所有問題都出自形神不合一。我的形在這，但神好像看不見也摸不著，虛無縹緲。現代醫學和傳統醫學的區別就是：現代醫學只知有形而不知有神，而傳統醫學既知有形又知有神，甚至知道形和神之間的關係，哪個更重要。

　　修道、修真、修醫的人，如果無法理解、掌握什麼是神，不知道形和神之間的關係是怎麼樣的、如何去運用，就無法通曉傳統意義的道和醫。

　　《道德經》在這裡描述的不僅是大道之理。如果《道德經》只是在單在講解形而上、虛無的理，它就是一部哲學著作了。先聖們都是學以致用地把這套最高境界的天道之理應用在現實。《道德經》尤其如此！這章一開始就直入重點，直接說明怎麼去修真和修道。修真和修道應用在

人體，就叫做「營魄抱一，能毋離乎」。

這句「營魄抱一，能毋離乎」太重要了！你能理解它是什麼意思嗎？你會運用它嗎？

「營魄抱一」，能做到形神不離，就是達到修真的境界，真我就從這裡找！人生的所有問題、不圓滿、有漏和缺失，人類的困惑、煩惱及痛苦，全都源自同一個根，也就是形神分離。

形神為什麼會分離？有句話叫做「心馳神往」──當精神遠離了肉體，這就是形神分離，做不到「抱一」了。為何心會一再被外物迷惑，一直向外飛馳，從來就沒在自己身上停留片刻？要麼被視聽娛樂吸引，要麼被外界的情吸引，要麼被外界的物質吸引，這些都是外境。除了外境，心還會被內五欲（內在的欲望）吸引。我們的心天天都在外六境和內五欲之間不斷地遷移變幻，精神也跟著心而上下飛馳，神就無法和形合一。

因為做不到形神抱一，心神永遠都外馳，這就帶動身體的精氣神跟著散亂，不斷地向外耗散。我們的形就會愈來愈弱，愈來愈虛，愈來愈有漏，無盡的痛苦就由此而來。

所以，修行就是要修到「營魄抱一，能毋離乎」的境界。

　　真正的修道是有過程、有階段的，一定要先從「形神合一」這裡起修。先做到這點，到了後面就能體會什麼叫做「穀神不死，是謂玄牝，玄牝之門，是謂天地根」。這時就能知道、感受、體會到什麼是「穀神不死」的「穀神」、什麼叫做「不死」。唯有如此，你才能找到「玄牝之門」，然後才能做到「綿綿若存，用之不勤」。只有不斷地這樣去溫養、熏修金丹（精氣神），到了金丹有成的那天就能修成真人。

　　整部《道德經》傳達了修身修真的方法。道法的修真之路只有一條，就叫做「金丹大道」。修金丹能打開大腦，開發大腦那95％被抑制的潛能。這並非只是個處理，而是真實有效的實踐方法，每一步都必定得到驗證。

　　而「營魄抱一，能毋離乎」就是修道之門。如果無法理解這句，不知怎麼去做，那就與修道修真無緣了。

形神不離，柔中有至剛

【摶氣至柔，能如嬰兒乎？】如能做到營魄抱一，不

離不棄，圓圓融融，那就是在溫養金丹了。再繼續修下去，最後就能體會什麼是「摶氣至柔」。

修身修真特別講究精氣神，但現代人根本不知道什麼是精氣神，也不清楚它們之間的關係。呂洞賓《百字銘》說「煉精化氣，煉氣還神」，然後金丹有成，最後修成元嬰（註），屆時就能出生入死、修成真人。但是，練精時要怎麼化氣？練氣時要怎麼還神？大家都以為體內有個爐鼎，只要守著爐鼎百日築基，然後修小周天、大周天……，最後就能修成。其實，如此修哪可能達到「能如嬰兒乎」的狀態呢？如果無法理解《道德經》的這句話，就沒法修道了。

什麼是精？由精而化形，形體是從「精」轉化而來的。什麼是神？就是「穀神不死」的那個神。精氣神之間是什麼關係？精神抱一，自會生氣（產生「氣」這種能量）。那麼，氣是什麼？氣是一種凝聚的、看不見也摸不到的東西。氣凝而成丹。所以古話一直提到精神，精和神不能

*註：道家將修為分為12個層級，分別是鍊氣、築基、結丹、元嬰、化神、煉虛、合體、大乘、寂滅、空涅、靈仙、聚元。據說，若修到元嬰這個層次，就可擁有神遊太虛、天眼通、推演萬物的強大神通。

分離。精神不離，自化成氣，氣凝而成丹，最後凝成的就是金丹。

前面講了「營魄抱一，能毋離乎」，魂和魄代表精和神，那句話直接說明了要精神合一，毋離毋棄，圓圓融融。現在講的這句「搏氣至柔」則在講氣，「搏」就是凝聚。做到了精神合一，氣才會凝結。「至」是極致，當你精神合一，凝氣到了極致的時候，精氣神呈現出來的狀態就是「柔」；而且，這種柔還含著至剛，這就是金丹。

「能如嬰兒乎？」的意思就是：能達到嬰兒的那個境界和狀態嗎？

嬰兒看似渾渾噩噩，什麼都不懂，但卻能做到百動而不疲，長嚎而氣不竭，身體極柔軟，這就是「柔中有至剛」。

形神不離，方能搏氣至柔

因為嬰兒形神不離，所以能達到「搏氣至柔」的境界。但，人長大之後，身體就愈來愈僵硬無力，各種疲憊和病痛也愈來愈多。這是因為人隨著年紀增長，心愈來愈

被外物所迷，愈來愈執著外物，導致了心神遠離形體，最後連氣都沒了。

精神合一才能凝聚成氣，這個氣就是最原始的能量。

每個人都有最原始的能量，剛出生的時候都是精氣神合一，心神和身形合一，不被外界所迷。嬰兒不知道外界有什麼，整天渾渾噩噩，想吃就叫，才不會去思考食物是怎麼來的。嬰兒想睡覺就一定要睡，不睡就得鬧。嬰兒不管外界的事，所以神不外馳、形神合一。

但是，人愈長大需求就愈多。如果想家裡能給我吃些好吃的，就得讓媽媽高興，媽媽高興了才會給我吃。我的知識愈來愈多，看似開了智慧，其實是外用心志，這已打破了形神合一渾沌的狀態。人長大以後就開始追求異性，要學習，要賺錢，要爭第一……，心向外馳。神因為這些離開了形，轉而被外物役使、控制。所以，人的形體雖然在成熟過程中逐日長大，但氣卻是愈來愈弱。到了三十幾歲，形體長到極致的程度時，氣也已經虛得差不多了；然後就是形神俱衰，快速地步入老年。這就是正常人的一生。

但是，身為修行人就要往回修，也就是要修真。

在現實中，嬰兒的狀態最接近真的境界。嬰兒渾渾噩噩，無知無欲。所有成人也都從嬰兒慢慢長大的，長大以後遇到明師，得了修道的方法，然後開始修真，又修到嬰兒般的狀態。但這個時候，修道者已經成聖了，聖人的狀態和嬰兒的狀態看起來相似，但前者可是昇了華的嬰兒，絕對和初始的嬰兒狀態不同！

「營魄抱一，搏氣至柔」的這個狀態，聖人和嬰兒都是一樣的，不為外物所迷，心不外馳，身體愈修愈柔軟而不是愈修愈健壯。健壯只是剛強而已。但，「營魄抱一」之後會得到凝聚的氣，這樣的身軀則是柔軟的。

按照正確的修道方法不斷地修，修到後面就能清清楚楚地感受到什麼是氣、什麼是凝氣而結丹。所謂的丹，有著巨大的能量，是力量的真正源泉。道家修真，修的就是這個丹，所以，道家的修行也叫做「金丹大道」。

從世間小智到修身大道

第十章對修行、修真以及修道來講至關重要。

若能悟明白這章就可以入門大道了。如果悟不明白，

那麼，在《道德經》學的這些理就全都只是空理、虛談而已。當然，如能從中樹立知見、取得像前面講的80／20法則、做事不走極端等智慧，那當然很好。只不過，這些都只是世間之小智。

老子為後世摘錄了先聖的經典，可不是要讓後世之人僅僅得到世間之小智。老子是想通過《道德經》，將眾人引向修真之大道，使之昇華。

治國只是世間之小道，修身才真正是大道。大道必然要從修身起始，身修成了，治國就如同烹小鮮，太簡單了！得大道就要修真，但是，未遇明師則不得入門。像我現在透過這本書講解這個道理，讀者就知道某句話就是修真、修道之門。但實際上要入門還得靠明師指點，才會知曉怎麼入道。否則，就只是看那幾個字，再通曉道理也沒用。

即使沒遇明師，沒能獲得修真之道；但是，透過學習《道德經》的方法也能開啟智慧。雖然這個智慧只是世間之小智，卻也比無知無畏、任意妄為要強得多。《道德經》的內涵有很深的層次，能修到哪個部分、能悟到哪個部分，究竟是得到世間之小智，還是獲得出世間的修真之大慧，那

就要看自身的機緣了。

　　「摶氣至柔,能如嬰兒乎?」這句話是在說明入道之門,修真之門。一旦你入了這個門,後面還有千百重關要層層去深透,那時候才是真修行。不是入了門就成了,沒有那麼簡單的!我僅僅在表面略微解讀這句話,不能講得太深入。

第二節　滌除玄鑑，明白四達

《道德經》第十章都在講述修真的過程，由於修道的具體方法是無法言說口述的，我只能在此大略地講解這個理。

在內心追尋真實的我

【滌除玄鑑，能毋有疵乎？】「滌」是清洗，「鑑」是鏡子。「玄」是指在幽深處、幽冥處，所以「玄鑑」並不是現實中的鏡子。這裡的幽深處、幽冥處指的是內心。這整句「滌除玄鑑，能毋有疵乎？」的意思就是：我想要清洗內心深處的這面鏡子，能擦得乾乾淨淨、沒有半點瑕疵嗎？

其實，這句話的真正意思是提醒大家：你真的掌握了修道的方法嗎？能擦乾淨心中的那面鏡子嗎？

首先，我們得知道心中有沒有鏡子？這面鏡子在哪？怎麼擦乾淨？

這句「滌除玄鑑，能毋有疵乎？」可不是個簡單的比喻！這句話的意思並非在說我心中有齷齪想法，有貪嗔癡，

有貢高我慢（指自恃甚高且自我的傲慢之心。），所以得去反省、排除。這句的用意可不是那回事！

照鏡以自知，這是鏡子的作用——透過鏡子才能知道自己長什麼樣，身體哪裡有汙穢、不整。

一般人看自己永遠只看見前面，也就是眼睛能看到的範圍。肉眼是有障礙的，永遠看不到自己的後面，看手心的時候就看不見手背。即使睜大眼睛也無法瞭解自己，因為我們永遠看不見自己的臉。因此要從哪裡才能開始昇華超越？首先就從認清自己開始。

通過照世間的鏡子，可以初步認識自己的「形」。但是，只看這個形實在是太表面、太外化了，我們依舊還是認不清自己的真實面目。

真實的我，就是深層的我，也就是神的那個我。如果看不見真實的我，就沒法修。所以聖人廣開教化之門，把上古先聖傳下的智慧變成了經典，告訴我們真相，同時也告訴我們修道的方法。

「玄鑑」就是心中的鏡子，人能透過「玄鑑」看到那個真正的我、神的我。

　　一般人該如何去瞭解「神的我」（真正的我），如何使之昇華？如果「神的我」有了問題又該怎麼修復、圓滿？最後，如何把「神的我」和「形的我」合而為一？這個過程就叫做「毋有疵乎」。

　　所謂的「毋有疵乎」就是，透過心中的鏡子（「玄鑑」）去映照「神的我」，看它是否圓滿、是否有缺失、是否有漏、是否有汙穢。如有汙穢就要擦掉，如有缺失就要填補、修復，這樣子，「神的我」就能圓滿。然後，再通過世間的鏡子去映照「形的我」，圓滿「形的我」。然後再把「神的我」和「形的我」合一，這也就是第十章開篇第一句的「營魄抱一」、毋離毋棄的意思。做到「營魄抱一」之後，才能達到「搏氣至柔」，修成如同嬰兒般純真的聖人，也就是真人。

　　所以這句「滌除玄鑑，能毋有疵乎？」真正要說明的是：怎麼去找尋心中的那面鏡子，去返照那個「神的我」。

找到玄鑑才能修練真我

　　《道德經》講了理，又講了入道之門在哪裡，卻沒教

具體方法。老子不可能把具體方法寫到書上，方法一定透過明師口傳心授。

孔子是勘透天地精髓的聖人。孔子在《易傳》已經把這個理都寫透了：「形而上者謂之道，形而下者謂之器」。

什麼是形而上者？道就是本質、淵源、源頭，它是最原始的存在，是主宰。主宰就在形而上，形而上就是那個「神的我」，也就是《道德經》講「穀神不死」的「穀神」。

「形而下者謂之器」。有形的器皿是有侷限的，人的身體就是一個形而下的載體。

孔子定義了何謂形而上、何謂形而下之後，接著再揭示修道的方向：「化而裁之，變而通之」。但是，孔子可沒教導具體的方法！《道德經》也一樣，只揭示這個理。具體的方法可不能在書裡面教；因為，即使教了，讀者也看不懂。所以，《道德經》這句「滌除玄鑑，能毋有疵乎」，只有修真、修道且修有所成的人才能真正明白它究竟是什麼意思。

如果從字面解讀這句「滌除玄鑑，能毋有疵乎」，全是沒用的虛理。其實，這句話的背後是有具體方法的——找

到心中的那面鏡子。只有找到了「玄鑑」，才能見到「神的我」；找到「神的我」了，之後才能不斷地去修復、使之昇華至圓滿。

放下俗世間的小聰明

【愛民治國，能毋以知乎？】「愛民治國」這四個字，直接就涉及統禦眾生、治理國家的層面。

「能毋以知乎」的「知」字等於智慧的「智」。這句意思就是：「能不去運用你的智慧嗎？」「不用智慧，怎麼能「愛民治國」呢？

也就是說，要放下世間的小智、放下小聰明。

《道德經》在前面講過很多關於治國的理，例如：「聖人處無為之事，行不言之教」，「為無為」才能「無不治矣」……。要想做到無為，就得放下小聰明、小智慧、小手段、小技巧、小技能。治國的根本就在於循天之道，最後都會歸結到「無為而無不治」。

耐心守候，就是坤之德

【天門啟闔，能為雌乎？】的「啟闔」即是開合，即是開關。從字面來理解「天門」，就是通天之門，也就是是入道之門。修道就是要登天。登天有路，必有天梯；登天有門，忽啟忽闔。

上天有路，天庭有門，天門在一定條件之下會開啟，在一定條件之下則會關閉。我知道天門何時會開啟、何時會關閉，這就是循天之道、知天之理。

下半句的「能為雌乎」，意指能靜靜地等待，不躁動、不妄想。等天門開啟了，想進就進，想出就出。

「雌」的特性就是「陰」的特性，陰主靜。靜得下來，守得住，忍耐得住，不急不躁，不圖事功，這就叫做「雌」，也就是「坤之德」。

「天門啟闔」講的並不是世間的境界。其中況味，等修行到一定程度以後，自然就能明白這句講的意思。

上天之門的開啟與關閉是有規律的。天庭就像人要進入銀行金庫一樣，金庫裡有著無盡的寶藏。但是，哪座金

庫沒有設置大門來保護寶藏呢？「天門」就像金庫的大門，並不是任何人都能進入的，必須有授權。金庫大門都設有密碼或指紋鎖，只有知道密碼或指紋符合的人才能開啟這道大門，進金庫拿取寶藏。

「天門啟闔」也是有關鍵密碼的。不是內行人就不知道密碼，就無法進入。不是誰都能上天，沒得到授權的人、不是內部的人，即使能夠上了天，最後也會被反噬或被踢下來滅掉。

所以，我們可不能盲修瞎練地去尋找天之門；否則，要麼瘋了，要麼就遭遇橫禍。如果你總在銀行的金庫門口晃來晃去，不知道密碼還在那裡亂按，銀行一定把你抓起來！就是這個理。天門開闔不僅有其規律，且有其祕密。必須靜下來修到那個境界，拿到了規律與密碼，才能夠真正登天。要知道，連俗世間的銀行金庫的大門都打不開了，何況是天門！天門可不是一般人想進就能進得去的。

這裡講的都是修真、修道的真正境界。如果讀者，上面關於銀行金庫的比喻，目的是為讓那些還沒修到那程度的讀者能夠大致理解這個道理，否則，我再怎麼解釋這句

「天門啟闔」，還不具備相應程度的讀者就會不知道我在說些什麼。

個人修行要有師父引領

為什麼修行一定有明師，要有「師父領進門」然後「修行在個人」呢？

因為，上天之門可不是人人都能去的，你的修為、福報、德行夠嗎，你得了真傳嗎？

得了真傳就是得到授權，那授權必須有師父帶著修行才能獲得。但是，德行、福報和修為，就都得靠自己修了。師父只能給你引路、帶你抵達這個門的入口──這已是相當了不得，因為，在千百萬人之中沒有一個能進得了這個門。

如果修行還沒達到入門的那個境界，就無法知道這段在說些什麼。要想達到入門的境界，就得完成前面的基礎：「營魄抱一，能毋離乎？搏氣至柔，能如嬰兒乎？滌除玄鑑，能毋有疵乎？」

《道德經》第十章前面這幾句都在講述修行的方法及過程。當你真正地掌握了這套東西，並且修成了，天門自然會

為你開啟。但是，當你在還沒掌握這套東西的時候，就要靜下心，要忍得住、守得住，這也就是「能為雌」的意思。

要明白四達就必須先修道

【明白四達，能毋以為乎？】這裡的「明白」即是對宇宙萬物都能通達無礙，看得透徹，了了分明。「四」可以解釋成四方、四面，也可以解釋是四維。所以，這句話的意思就是：「四維上下，可思量乎？四方能通達乎？」

關於「能毋以為乎」這句，很多人會理解成「無為」，但實際上這裡的是「以為」。

為什麼我們不能「明白四達」，通徹天地萬物呢？最大障礙就是佛家說的「所知障」，也就是俗話說的「我以為」──相信眼見為實、耳聽為實，但其實，眼見的和聽到的基本上全都是錯的。我們以為自己看到了真相，以為這就是真理，但是，所有的「我以為」基本上全是錯的。因為，我們的眼睛和耳朵都被遮蔽了，既看不見也聽不見真相，一直都在虛幻中自欺欺人。在這些錯知錯見之下，我們就會不斷地被假象迷惑，無法做出正確的判斷，也就不可能掌握住

世間萬物運行的規律及本質，所以就無法「明白四達」。

想要做到「明白四達」，就必須入修道之門！

一開始修道，就讓我們破除假相、看到真相。知道世界的真相之後，才能一步一步地走上天梯，進入修道之門。上天梯之後，愈走愈高，才能逐漸地「明白四達」。

「明白四達」在佛法裡就是了悟的過程。先從理的層次來理解，這叫做「解悟」；然後在修的過程中再去悟，這就是「行悟」；最後「明白四達」了，就叫做「證悟」。整個「明白四達」的過程，也就是儒學「格物致良知」的過程。

《道德經》傳達了如何做到「明白四達」。「明白四達」是修行的終點，境界很高。那麼，要從哪裡開始修呢？「能毋以為乎」，先放下自認為是對的一切，這才是入道之門。

如果放不下那些假的相，就看不見真。在現實中，就是一葉障目、不見泰山，一切都是自己心中的妄想和執念，也就是「我以為」。如果不摘除那片遮蔽雙眼的樹葉，就永遠看不見泰山。

玄德，循天道做好自己

【生之畜之，生而弗有，為而弗恃，長而弗宰也，是謂玄德。】其實，前面幾章一直都在說這個理。

「生之畜之」的「生」是生、「畜」是養；「生之畜之」就是生之養之的意思。「生而弗有」就是生養萬物卻不占為己有。「為而弗恃」，萬物做作，我允許萬物自然地生長，卻不期望萬物什麼。「長而弗宰也」，萬物長大、成熟了，也不會去主宰和控制它們。

德分為顯德和玄德。「是謂玄德」，人要是做到上述幾點，就符合上天之道（循天之道）。因為，上述幾句都是「無為」；能夠循天道做好「無為」，才能做到「無不為」。只做好自己，就是「玄德」，是內心最深處的最高的德，真正的德。

修什麼德、入什麼道

只有那些擁有天福、具備天德、循天道行事的人，才能進入天之門。「「玄德」就是循天之道的天德，並不是

世間之德。要想修行，就得從「玄德」開始修。

儒學的世間之德是以孝為本。修好孝這件事，就是修好了世間之德。而《道德經》則傳達了，要想昇華圓滿、超越自我，光是修孝還不夠，還得修天之德！

怎麼修天之德？循天之道，廣積福德。這樣子，你才有機緣遇到明師教你入道之法、領你入天道之門，才有可能真的昇華。

天有天之德，人有人之德，地獄也有地獄之德，你修什麼德就入什麼境界。想要上天，就必須修「玄德」。想在人間過上美好生活，就必須修人中之德，也就是孝。

最容易修的就是地獄之德，因為那是人的本性。貪嗔癡慢疑，追求生理的享受和刺激，完全地自私，執著於欲望，被外境掌控和奴役，這都是地獄之德。地獄之門大敞四開，永不關閉，所有修地獄之德的人蜂擁而至。

修哪個德，以後就到哪裡去。命運掌握在自己手裡，今後的路就取決你當下怎麼走。這就是《道德經》第十章給我們的提示。

第四章

故有之以為利，無之以為用

——《道德經》第十一章

不管製作器皿、裝備或蓋房，都要兼顧「有」與「無」。

並非愈多愈好，也不是一片空無就好，

凡事都以「適合」為標準。

我們做人、做事或造物都不可忘記初心，

這樣才能掌握做事的標準。這就是道。

第一節　有無兼顧，陰陽消長

> **《道德經》第十一章**
>
> 【卅輻同一轂，當其無，有車之用也；撚埴以為器，當其無，有器之用也；鑿戶牖以為室，當其無，有室之用也。故有之以為利，無之以為用。】

《道德經》第十一章講的是「有」、「無」之間的轉化與運用。從整體來看，這章講仍陰陽轉化的定律。

《道德經》前幾章用了很大篇幅去談陰陽的對立和轉化。黑與白、柔與剛、弱與強、虛與實，這些都是從宇宙形成之際就具備的最基本規律。所有萬事萬物從形成的那一刻開始，直到發展終結，全都是陰陽轉化和消長的過程。

《道德經》用語特別簡練，但它反覆地從各個角度來強調這個「陰陽轉化」的理。

所謂「大道至簡」，陰陽轉化和消長的規律乍看非常簡單，看似很容易理解，其實不然！很多人都知道陰陽的五大定律：對立、對稱、互根、相互消長、相互轉化，但

這仍無法達到真正理解的程度，根本不知該如何在現實生活中應用。

因此，《道德經》通過各種角度，比較詳細地解讀陰陽如何運用。這點很重要！因為知易行難，告訴大家普遍的理很容易，但，怎麼實踐、怎麼運用？這就很難了！所以，千經萬律說的理都很簡單，之後又有無窮無盡的論出現，從簡單的理向外延伸，全都在告訴大家怎麼用。

《道德經》第十一章舉了三個很接近日常生活的例子，第一個講車之用，第二個講器皿之用，第三個講房屋之用，試圖透過日常生活常見的車子、器皿和房屋來傳達了「有」與「無」的道理，因此請讀者們多多領悟，並且好好地運用在現實生活。

合適，就符合道

【卅輻同一轂，當其無，有車之用也。】這裡的「卅」是三十，「輻」是車輪的輻條。「轂」是古時候插在車輪中央的圓木，等於現代汽機車的車軸。「同一轂」是指同一個輪轂，也就是整個車輪的意思。一個車輪有三十

根輻條來支撐，車子因此得以順暢地向前行，這就是輪轂和輻條之間的關係。

「當其無，有車之用也」。車靠輪子向前走，所以，輪子的構造是否合理、是否科學，就決定這輛車子行進的功能是否可以達到極致。如果要讓車子達到最大功用、使用到最極致的程度，這個輪轂就要符合以下幾項特點。

第一個特點是輪轂的結構要穩定。所以，車輪必須呈圓形。如果輪轂不是圓的，行進中的阻力就會很大。

第二個特點是輪轂一定要輕。因為車子本身就很重了，如果輪轂也很重，就會影響車子的行進。

第三個特點是輪轂得具有伸縮性，也就是要有一定的彈性，不能是完全的一塊死板。當輪子有了一定的彈性，車在行進中才能相對地平穩、輕便、快捷。如果輪轂沒有伸縮的空間，車體震動就會非常劇烈。

這就是輪轂的幾個特點。那麼，如何把這幾個特點都做到位呢？那就必須要同時具備「有」和「無」的特性。

要做到第一個特點，輪轂一定要夠圓，結構才會夠穩定、堅實，這就叫做「有」。其實，要把輪轂做到最結實

程度的話，鐵板一塊就是最結實的，絕不會散架。但是，這樣的輪轂就會非常沉重，導致車子無法快速行駛。而且，這種車輪缺乏彈性，使得車子在行進間會極度顛簸。只要碰到一點小溝壑、小障礙，就很會難越過去，要不就是顛得很高再重重落下。現代車輪都用橡膠製成，橡膠車胎具有高度彈性。輪轂也是中空的鋼圈，用的都是既堅固又質輕的合金材質。這種設計用意和古代車子都是根據同樣道理，只是現在的車輪要比古代的改良許多了。

所以，要滿足這三個條件，既要保持輪轂的外形堅固，又要兼顧車輪的輕便與彈性，就得妥善地調和「有」和「無」，才能兼顧全面的效果。

做什麼事都不能過度！必須要「有」的時候卻缺了「有」這項要素，就會不堅固；太虛無了，就不能起用。但是，在「有」的過程中還得掌握「無」這項要素，在「實」的過程中還得掌握「空」這項要素，這樣才能兼顧這幾個因素特有的效果。這個運用陰陽消長特性的過程，就是道的過程。

我們做任何事，要想達到最合理、最科學的狀態，都

不能過度地偏頗某個極端。萬事萬物皆是由陰陽和合、五行生克而來的，講究的就是平衡。若只追求某個特性，完全不在乎其它特性，事物也不會長遠存在。

那麼，在這過程中到底什麼是陰和陽？我們在面對任何人事物的過程中，不管是製作各種器皿、儀器裝備或建造房屋，都要兼顧「有」和「無」的特質。並不是「有」的特性占的比例愈多就愈好，也不是一片空無就好。以打造輪轂為例，如要追求極致的輕便，那就得用最少的料，這樣，「無」的特性就會變得更強。但是，當「無」的特性大幅超過某個標準了，輪轂可能就會變得很纖細，就達不到堅固的標準了。這樣的車輪看似輕便有彈性卻不夠堅固，行駛沒多久就會壞掉。前面講過了，刀刃過於鋒利也不行。所以，做什麼事都不要過度，得要陰陽兼顧才行！

陰與陽各自向兩個極致的方向延伸，是既對立又統一的兩個極端因素。任何事物都由陰陽構成。在這個對立、統一的過程當中，陰陽這兩大最基本的極端因素又透過五種力的作用，才形成了事物最初始的「形」，以及事物發展的各個階段。

　　陰陽兩大基本粒子，加上五種和合作用在這兩大基本粒子上的力，就構成了萬事萬物。《道德經》的大道之理傳達了如何運用陰陽這兩個對立的因素，傳達了怎麼運用陰陽才最科學、最合理，且能令其功用達到最大化的程度。

在人際關係應用陰陽之道

　　其實，陰陽這個道理不僅適用於事與物，在對待人際方面也是一樣。前面講過，我們要同時去看見人的好與壞、善與惡。任何人一定有好的一面，也一定有不好的一面。有時，我們之所以跟人無法關係和諧，就是因為自己只看到對方好的那一面，然後無限地接近對方。這樣就沒法妥善掌握原則了，會打破安全界限，形成過度。我覺得這個人好，就全心地付出、極度地信任、無限地接近，這樣就會物極必反，最後由好而生惡。當兩人交惡而分開，你之後看到的就是對方的惡，然後就永遠地遠離對方。

　　所以，我們在跟人接觸的時候，不光要看到對方好的一面，同時也要看到他的另一面。我們要把善和惡、好和壞這兩面融合起來，這樣就能掌握人與人之間接觸的分寸和距

離。當我們妥善掌握人際距離，從兩面來看人，在這世上就沒有所謂跟誰更好、更親近，也沒有所謂跟誰更討厭、更遠離的問題了。這就是在人際關係方面運用天道智慧的例子。

物品也是相同道理！在研發任何物品的時候都要兼顧各個方面，搞清楚自己到底想要那些功能。當你想要某物品達到某種功能的時候，一定要融合那幾個你也想要擁有的功能的要素。每種要素都要掌握相同的一個原則，合併之後才能獲致最合理、最長久的機能。

前面講過打造輪轂的例子。對車子來講，最科學、最符合道的地方就是「合適」，而不是追求某個要素的極致。即使是追求極致，也是追求整體功能的極致，這才是追求道、追求「一」。

我想要車子行駛起來輕鬆、長久、速度快，追求這個功能的本身就是追求「一」，就是道。要想達到「一」的狀態，我們就要掌握整個車子的構造、比例和輕重，尤其是車輪。在這裡就以車輪的「有」和「無」來探討吧！「有」這項因素可以保證車輪的堅固，「無」則保證車輪的輕便及彈性。「有」和「無」配合好了，這個車輪就是最

科學、最合理的設計，就能達到最大功用，就能接近我們要的車子的根本功能。

「卅輻同一轂，當其無，有車之用也」的例子傳達了，在製造物體的時候要如何運用陰陽的道理。其實，不管是製造物品，或是人與人之間的相處、家庭婚姻能否維繫、專案能否成功，這些全都是個通理，所以叫做「道」。

有為利、無為用

【撚埴以為器，當其無，有器之用也。】「埴」是陶土，「撚」就是揉的動作，「撚埴」就是揉陶土。「以為器」，把陶土做成器皿。把陶土做成碗、杯或瓶子之後，它就有了功能。

「當其無，有器之用也」的「器之用」，意思就是功用。器皿的作用就是盛物，比如，碗盛飯、盤子盛菜、花瓶插花、痰盂裝穢物……，不同器皿都有它自己的功用。

陶土本身也有它的「利」。所謂的「利」就是「有」。「撚埴以成形」，可以通過「撚埴」過程讓陶土成形，經燒製以後就能固定陶土的形狀，這就是陽的功能。

「當其無」就是中空的意思。能被人在日常生活中使用的並不是陶土，而是陶土在被製成容器所形成的這個「空」（無）。中空以為用。如果容器沒有這個空，只是一大團陶土而已，那就是光有其「利」而無其「用」了，這樣的物品就無法被人利用、沒有實質意義。這句「當其無，有器之用也」傳達了，光是有物品還不行的，這項物品還必須具備能被使用的實際機能。

這章第一句提到的輪轂也是如此！古代用木頭製作車輪。木頭是可以被人使用的材質。按照「有」為「利」、「無」為「用」的原則，把木頭按照人們需求來做成各種架構，使其有形；這樣子，木頭這項原料就產生了功用。這就是「有「和「無」的理。

做器皿是為了「用」。我們選擇最適合做這東西的陶土，是因為陶土有其「利」。器皿有了形之後，裡面就會產生各式各樣的空間，這個「空間」才是能被人所利用的。所以，「有」和「無」的比例、這兩者產生什麼形狀的空間，都直接關係到人們預設這項物品能發揮的功用。

比如，如果要用缸來裝很多穀物，這個缸的空間就要

夠大。選用品質粗劣的陶土來製作這個缸的成本最低。這種陶土雖然質地粗糙，卻能用來製作大缸。如果想製作觀賞用的陶瓷，甚至要把它當成能流傳後世的藝術品，就得選用質地最細膩、品質最高級的陶土來製作。這種陶器追求的是精緻美感，並不以盛物為主要功能，因此就不必在乎可用空間的大小。

陶土之「利」就是物之利，以「適合」為標準。而實用物品所構成的「形」，則以「功用」為準則。這就是陰陽轉化、消長的過程，萬物形成都是這樣的過程，我們要掌握好這個原則。

損其有來成其無

【鑿戶牖以為室，當其無，有室之用也。】這是講房子。「鑿」是打鑿，「戶」是門，「牖」是窗。

房子的功能就是居住，能被人利用的是建築裡的「空間」。當然了，我們都希望居住空間是愈大愈好。房子既要堅固，又要有一定大小的空間，還得具有一定程度的彈性，這和車輪、器皿是同樣的理。

隨著四季的氣候變化，房子會熱脹冷縮。堅固是必須的，但是，太堅固了就會彈性不足，建築體反易開裂甚至傾塌。如果只專注於房子堅固的這點，就會追求厚實的牆壁，因為牆壁愈厚就愈堅固。但是，如果牆壁很厚，建築裡頭的空間就會相對變小。這樣子，使用方面的彈性也就變得不足。車輪、器皿和房屋是有共性的，都要把「有」和「無」配合好，才能達到「一」的效果。所謂的「一」，也就是功用的最大化！

　　房子若寬敞和明亮，就能讓我們居住得更舒服。寬敞、明亮等等讓人居住得更舒服的功能，就是從「無」當中體現出來的！在牆壁鑿出窗戶，室內空間就會變得明亮。這就是把「有」損了一部分，使之成了「無」；如此一來，原本密閉的室內空間就會因為「無」而變得明亮。適度地削薄厚牆，既能保持房子的堅固，又能夠保證室內空間的寬裕，這也是損其「有」來成其「無」，進而達到房子的功用。人們進出房間或是內外都需要便捷的出入口，因此打通牆壁、變成一個門，這還是損其「有」來成其「無」，進而成其功用。

結合有無，方能臻至完美

【故有之以為利，無之以為用。】我們要平衡好「有」和「無」之間的關係，完美不一定就是「有」，也未必就是「無」。結合「有」和「無」，才能形成所謂的完美，這就是功用的最大化。

車輪、陶器、房屋是這樣子，藝術品也一樣！最值錢的藝術品不一定是最完美的，像米羅的維納斯這具古希臘雕像，每個人看到她的時候都會心動。如果把手臂給她接上去，是不是就更完美了？錯！維納斯的整體形象已經在那裡了，這就是「有」，斷了臂才成為「無」。因為她斷了臂，才能夠引發所有人的想像空間。這就是藝術品，因其「無」而成其「有」。

我們欣賞任何藝術品，其實都是在欣賞自己。不管是抽象畫或寫生畫都一定要留空白，不能把整幅畫填滿了。畫面一旦填滿，就全都是「有」了。「有」太多了、極致了，反而就轉化成「無」，讓人沒有任何想像空間。

手工繪製的畫作永遠都比照片值錢。照片直接就是原

樣，細節要比繪畫細緻得多。但為什麼照片相對地不值錢呢？以當代國畫大師齊白石的畫作來說明吧，齊白石畫的蝦都只有寥寥幾筆，整幅畫的構圖特別簡單，大部分畫面留白。但是，這樣的畫作卻特別值錢。為什麼？因為齊白石掌握了「有」和「無」在空間裡搭配的原則，因此，留白愈多反而愈值錢。

中國古畫和西方抽象畫都是這樣，提供了無限的想像空間，人心就很容易與畫作融為一體。繪畫的最大功能就是供人欣賞。每個人在解讀畫的時候，「仁者見仁，智者見智」，看到的必定都是自己的一面，這才是畫作值錢的原因。畫作愈寫實就愈不值錢，把整個畫面填得愈滿、完全不留白的也一樣。藝術品和現實中的生活用品都是這個理。

《道德經》通過不斷地解讀柔和剛、弱和強、完美和不完美、好和壞、善和惡、有和無、虛和實，傳達了不管是做人、做事或造物都要遵循大道的原則，不要走極端，不要太凸顯某個特點，也不要過度追求所謂的實。虛和實一定要妥善地結合、彼此搭配，才能形成「一」的狀態。「一」就是我們真正想追求的功用！

第二節　不忘初心，方得始終

聖人和凡人有什麼不同呢？

凡人的行事模式就是：只能看到某一點，然後就一條路地直直走到底，想要什麼就覺得什麼好，想要什麼就一味地去追求、去實現。反觀聖人，聖人會從多重角度來看事物。聖人追求的是「一」，而普通人追求表面的「形」，這就是聖人和凡人不同之處。

那麼，我們再回到關於「利」與「用」的議題。

聖人求用，凡人求利

【故有之以為利，無之以為用。】聖人追求的是「用」，凡人追求的是「利」。

這裡以追求財富來說明「利」與「用」的差異。凡人覺得財富愈多愈好。聖人追求的是「用」。所以，聖人認為財富多寡有一定標準，所以會思考自己要這筆財究竟是幹什麼用的。財要為人所用，可不能只見其「利」！

如果只見其「利」的話，就會變成愈多愈好。凡人追

求「利」，所以會認為財富是愈多愈好。殊不知，當「利」大到一定程度之後就不再有「用」，反而把人給毀了。

在現實生活中做任何事都是如此！有句話叫做「不忘初心，方得始終」。我們做車輪、做器皿、做房子，得先知道初心：自己為什麼要用它？

但是，人往往在做事的時候就不知不覺地忘了初心，忘掉這件事物原先被預設的功用而去追逐其「利」。也就是說，我們很容易就執著於對「形」與「有」的追求。

以婚姻為例，找對象是為了結婚成家、繁衍子孫、安定幸福、相互依伴，這是目的。但是，人在尋找結婚對象的時候往往忘記上述目的，而去跟別人競爭。比如，男性一看到美女，就因為大家都去爭，所以自己也去爭，這就是癡迷、執著！

人往往因為這個「有」（也就是「利」）而忘記自己原先追求的「用」，忘了自己為何要找結婚對象。也有人因為看上對方很有錢或很有才華，就忘記什麼是結婚、家庭的功用，直到兩人在一起了，才發現彼此不適合，從此過著不幸福的生活。

這就是凡人！總是在「利」與「用」之間沒法好好掌握，總是被「形」所吸引，也就是總被「利」所牽引，因而忘記一開始追求的「用」。而聖人做任何事都知道自己為何要做這件事。

我們做任何事都要掌握原則，永遠都不要忘記自己為何做這件事，這就是初心。只有不忘初心，做任何事才能有標準。這就是道。我們要在道的指引之下去做事。

因此這解說如果擴展開來，能講很多內容。但我們學習《道德經》，尤其在修道方面，一定要學會舉一反三，要領悟如何在現實生活中應用基本的理，也要隨時去主動糾正自己。

從小到大從沒有人教導這樣的智慧。都在教我們如何跟別人競爭、去搶奪最好的資源。比如，當學生的時候，師長都會再三宣導只有考上明星大學才是好，這叫做「利」。

我們卻從不思考自己為何要上明星大學、為什麼一定要拿到所謂的好文憑？所有人都這樣做：「大家覺得哪間學校好、哪個專業熱門，我就去考哪個校系！」反正，只要是人人都搶的，就必定是好的。

其實，這樣做就不符合道了。因為你不知道自己真正想要的是什麼，也不知道為何要這樣做。這就像在婚戀市場裡，大家都想搶個美女或帥哥，覺得搶到了就是好事；但是，很多人雖然搶到了美女或帥哥，之後的生活卻是後患無窮。

自古以來都如此！天下熙熙攘攘，皆為利來，皆為名往。眾生奔波就是為了名與利，卻忘了生命的意義，忘了自己來到這世間要幹什麼。

生而為人是有意義的，所以，不要忘了初心！

為人一世，到底為何而來的？難道就是為了錢財、美色、權力和名聲嗎？自古以來，得道之人都傳達了：現實中這些有形之物全都只是過眼雲煙。

陶器再精美，也是陶土做的，最後一定會回歸到土的本質。

我們要放下眼前大家都追逐的東西，要清楚什麼才是長久、值得追求的。人人都是迷人，這就是大眾。其實，那些大眾追求的、人人都羨慕的事物，不一定就是最好的。我真正要用的、對我有價值的、在我這裡能真正發揮功用的、

最適合我的，對我來說就是最好的。

《華嚴經》：「不忘初心，方得始終」。把握初心是做人做事的標準。

我們要知道自己在幹什麼。只有放棄逐利行為，放下從眾心理，才能得道。如果放不下，就永遠得不了道，只是不斷地追逐世俗的物欲名利；最後，到了閉眼的時候才發現，人生一世，臨走時就只是兩手空空，什麼都帶不走。名帶不走，財富帶不走，權力帶不走，幸福帶不走，一生追求全都成了過眼雲煙。

「不忘初心，方得始終」就是我們學習《道德經》的意義和目的，希望大家在這一章受到啟發，能夠更加清醒地知道人生在世是為了什麼。

第五章

為腹而不為目

——《道德經》第十二章

執著五色、五音和五味，

就無法感知玄色、玄音和玄味。

追逐稀罕事物是為了炫耀！導致心被物役，

從而忘記為人的本分與初心。

所以，修行得道必須看透人事物，

掌握住無為與無不為的平衡點。

第一節　執迷外境，心狂神馳

《道德經》第十二章

【五色使人目盲，五音使人耳聾，五味使人口爽，馳騁田獵使人之心發狂，難得之貨使人之行妨。是以聖人之治也，為腹而不為目，故去彼而取此。】

《道德經》第十二章的內容跟前一章沒有關聯，突然就講到這個主題了。

章與章之間沒有邏輯，東一句西一句，這就是《道德經》的特點。所以，想在解讀時找出章節之間的邏輯，很累也很難──其實也沒必要！《道德經》本身就是從經典摘錄的碎片，為什麼一定要去找出它的邏輯呢？

但我們別忘了，《道德經》表面看似沒有邏輯，其實裡面有個大邏輯，那就是「一」！

「一」就是道。當我們掌握了道再來看《道德經》，它所有的內容碎片，不管是在講修身、治國還是論道，或是各種比喻，全都趨向道。這個萬變不離其宗的宗旨就是道。

只要不離道，一以貫之，就能解讀《道德經》。如果離開了道，只從文字上去解讀《道德經》，就會誤讀。

五大類，化繁為簡的智慧

【五色使人目盲，五音使人耳聾，五味使人口爽。】
這裡所謂「五色」，就是指「青、赤、白、玄、黃」，亦即現代人說的藍、紅、白、黑、黃。

古人講究分類，把紛繁複雜的萬事萬物全都按其特性與呈現，劃分成五個類別。世上全部顏色劃分成最基本的五大類，稱為「五色」。宇宙裡的所有音調也歸結成宮、商、角、徵、羽這五大類，名約「五音」。世間一切味道都被歸結成五大類：酸、甜、苦、辣、鹹，這就是「五味」。

五代表一切，五大類其實也就是五行，這是中華先祖的智慧。

因為萬事萬物都被簡單地劃分成五大類了，所以，當我們在看萬事萬物的時候，萬事萬物就變得不那麼紛繁複雜了。五大類的每一類都有其基本特性，整個宇宙就具備了這五大類的特性，也就是共性。

中華先祖有兩大智慧。第一個大智慧叫做「以類萬物之情」，另一個大智慧則是「以通神明之德」。所以，想要學習先祖的智慧，就要先通達這兩大體系。

要同時看到表面與內涵

我們眼中見到這世上的顏色不外乎五大類，也就是五色。但《道德經》這裡卻寫說「五色使人目盲」，為何看見了五大類顏色反而是眼瞎呢？要知道，「五色使人目盲，五音使人耳聾，五味使人口爽」這三句講的全都是反話，讓人很難理解。

「五音使人耳聾」，耳朵能聽到五音，怎會是聾的呢？還有，「五味使人口爽」的「爽」又是什麼意思？古人認為「爽」是一種口腔疾病。比如，當食物辣到極致，就什麼味道都嘗不出來了。當味道太過強烈，其實會嘗不出來什麼味道，這種情況就叫做「爽」。所以，這句裡面的「爽」字並不是現代人說的「爽快」之意。

「五色使人目盲」。「目」是人的兩隻眼睛。「盲」字下半部是一個「目」，上半部則是一個「亡」，「盲」的

意思就是眼睛看不見、眼瞎。

　　但是，既然眼睛能看見五色，那就能看見其它的紛繁顏色，這裡卻說眼瞎，這什麼意思？

　　其實，整部《道德經》講的就是陰陽。只要通達陰陽這個理，就能明白這句話的涵義。這裡的「盲」，指的是「只見陽，不見陰」。

　　人眼能看到的色彩，僅是世間諸多顏色的一部分。按現代科學來講，不同波長的光波進入我們的眼中，然後在大腦裡形成所謂的顏色。人類能感受到的光波，在宇宙的光波當中僅占據非常狹窄的一段。這也就意味著，我們睜開雙目看到的顏色並不是全部，還有更多顏色是人眼看不到的。所以，從陰陽的角度來講，顏色也分有陰陽。我雙眼能看到、大腦能感受到的顏色叫做「陽」，我看不見但確實存在的顏色就叫做「陰」。

　　所以，什麼是「目明」呢？日月為明，日、月分別代表陰與陽。整個「明」字也就是陰與陽。如果從色彩的角度來講，「明」的意思就是：我既能看見陰，又能看見陽。不明者只能看見陽、看不見陰，這就叫做「盲」。從這點來理

解「五色使人目盲」這句話，如果我們執著自己雙眼睛見到的這五類顏色，就意味著自己會無法接收到其它更廣闊的光波。俗稱的「睜眼瞎子」正是如此！

這五色就叫做「外有五色」，與五色相對應但眼睛看不見的色叫做「玄」。真正的顏色就在那個玄色之中。玄色當中又有微妙處，這才真正是光波的本質和來源，叫做「玄之又玄」。

玄就是深、深邃的意思。我們睜眼看得見的顏色，其實都只是表面又淺又顯的顏色，看不到玄色。玄色只能用心中之眼去見，而不是用肉眼！

如何用心中之眼來看見玄色？這就是修行、修道傳達了的：其實，人除了肉眼之外，還有天眼。天眼即是見玄之眼。

修道修的不是肉眼，也不是用肉眼去觀察微妙的世界。因為，肉眼有生理上的障礙，肉眼就像這世間的普通鏡子，只能照出大分子結構的有形之物。肉眼就是用來觀察表面的，無法觀察到玄妙處。如果想要觀察玄妙處、觀察事物深層的微粒子結構，就必須使用一種名為天眼的「

高倍顯微鏡」。

這句「五色使人目盲」傳達了，目有顯有玄，兩者皆見才能洞察宇宙的真相。

洞察宇宙真相，這就是明。如果你覺得只憑肉眼就能看到整個世界，那你看到的只是世界的表面，根本看不到「玄色」，你其實只是個睜眼瞎子！而顏色的真正的本質和源頭全都在「玄」。只有看到了「玄」，再回頭看這世界的表面，兩者皆能看清了方能稱得上是「目明」。

不執著，方能清且明

【五音使人耳聾】也是同個意思。

人耳能聽到的聲波介於20赫茲到2萬赫茲之間，這在宇宙全部的聲音頻率當中是非常狹窄的一段頻率。

每個人的耳朵能聽到的頻率範圍略有不同，並非所有人都能聽到20到2萬赫茲這區間的聲波。人耳遠不如動物的耳朵，聽不見超聲波和超低頻音 (註)，根本聽不到廣大

*註：超音波（ultrasonic wave）是頻率高於20,000赫茲的聲波，超低頻音（Infrasound）則是頻率低於20赫茲(Hz)的聲波。這兩種聲波的頻率都不在人耳能聽見的範圍內(20至20000赫茲)，故人耳無法聽得到。

的聲音。

這句「五音使人耳聾」的意思是，如果你執著世間的五音，覺得耳朵已經能聽到全部的聲音，其實你就是個聾子。因為音有顯音、有玄音，玄音就是我們聽不見而又存在的聲音。你太執著外界的聲音，就忽略了肉耳聽不見且範圍更廣大的「玄音」。

有沒有辦法聽到真正的聲音（玄音）呢？古人的方法叫做「聞」。

「聞」這個字是門字裡有個耳。這個耳叫做「內耳」，也叫做「天耳」。玄色要通過「望」的方式，由天眼望見玄色。玄音則要通過聞，天耳聞到玄音。

這傳達了：要放下世間有形的、淺表的光與聲，不要執迷於它們，不被其牽引，方能達到耳清目明。如果執著於自己在這世間見到的和聽到的，認為這些就是全部了，那你就成了睜眼瞎子、長著耳朵的聾子。

【五味使人口爽】這句跟前面講的都是同一個理。

世上的味道不是只有酸甜苦辣鹹這五類。所謂的「五味」，只是我們舌頭能嘗出來的味道。人的味覺也很淺顯、

表面。要知道，味覺的範圍非常廣，這當中還包括了「玄味」。我們如果執迷於現實中的五味、放不下這酸甜苦辣鹹，就無法再追求更廣大的玄味。

　執著五色、五音和五味，就無法感知幽冥處，就無法探觸到「玄」（玄境、玄界），因而變得又盲又聾、味覺也愈來愈遲鈍。唯有放下對外境的沉迷與追求，遵循內心的天眼和天耳，打開玄關一竅 (註)，找到「玄牝之門」，才能達到「明」的境界。

過度追逐外物會喪失本心

【馳騁田獵使人之心發狂】。「馳騁田獵」意指世間的各種娛樂。田獵，是古人到郊外遊玩，縱馬馳騁，追逐射殺弱小動物的活動。田獵跟現代人愛玩的遊戲一樣都會讓人發狂，熱衷到難以自拔的程度。

　人在娛樂活動中追逐感官刺激。感官刺激屬於外境，

*註：是道家將修道一開始的下手之處稱為「玄關一竅」。因為，開始修道就像進入一棟建築一樣，必須先找到入口的「玄關」才能進入。有人認為，「玄關一竅」位於丹田。

會讓我們的心向外發散而收不回來、無法靜下來。人執迷五色、五音與五味，包括馳騁田獵這種娛樂，都會讓心不斷地向外奔馳，使人變得目盲、耳聾、口爽，然後喪失理智。

【難得之貨使人之行妨】的「妨」字是妨礙的意思。

世間的奢侈品、珍貴的收藏、炫目的金銀珠寶，這些都屬於「難得之貨」。

只憑「難得之貨」這四個字就囊括世間眾人追逐的一切事物。事物愈難得就愈稀罕，大家就愈想追逐。「難得之貨」的特性幾乎就是不實用！那些實用的、能被大量生產的、能在日常生活廣泛應用或是很容易生產出來的東西，即使品質再好也不算是「難得之貨」。因為，愈實用的東西就愈平常，反而不受大眾追捧。所以，古人用「難得之貨」來代表人們心中那種虛無的嚮往。

人們並不是為了「用」而去追逐「難得之貨」，而是為了炫耀！我有而你沒有，這種誇富之心、外顯之心是從比較之心延伸而來的。

為何聖人認為「難得之貨」會「使人之行妨」？比如，有些人為了獲得「難得之貨」便不惜損害身體；有些

人因為想要蘋果手機而賣腎，割了自己的腎去買手機；有些人為得到一幅名畫、一塊名表或一件奢侈品，不擇手段，什麼事都能做……。當今社會這樣的人太多了！

　　追逐這些「難得之貨」就會妨礙人們的正常行為。一旦心被物役，人就淪為「難得之貨」的奴隸，忘卻自己的本分，忘記為人的初心。天天只想著如何才能獲取「難得之貨」，身為人卻忘了自己該做些什麼，這就是人之妨、心發狂。所以說，「難得之貨」會「使人之行妨」。

第二節　聖人之治，長生久視

【是以聖人之治也，為腹而不為目，故去彼而取此。】聖人能夠看清真相、找回做人的本質。做人的本質也就是做人的初心。

聖人的心不會被外境所牽引，不會被內五欲所役使，這就是聖人和凡人的區別！

凡人會被目、耳、口等感官享樂給牽引、會被各種娛樂活動給牽引、會被「難得之貨」給牽引，凡人一見到這些就癡迷進去，忘了為人之本，成為它們的奴隸。

靜心無欲才是長生之道

【是以聖人之治也】的「治」就是治身。

聖人治身於修真，第一要務必定是「為腹而不為目」。腹代表身體，身體即代表內視，聖人因內視而長生。

真正的聖人修身之道，是向內尋找「玄牝之門」、「玄關一竅」、「天地之根」，然後「綿綿若存，用之不勤」。這叫做「為腹」，依此才能找到真我，才能做到長生久

視之道。

　　道教經典一再提及「精神內守」、「抱元守一」、「營魄抱一」、「搏氣至柔」等概念，這些全都是「為腹」的理。

《道德經》幾個關於修身（為腹）的概念

內視：道家修練內丹的的靜修方式。簡單地說就是閉上眼，將意念灌注於自身，引導經脈走至腹部的丹田以鍛鍊精氣神。

玄關一竅：道家將一開始修練的丹田稱為「玄關一竅」。因為進入修道之路就像進入建築，必須先找到入口的「玄關」才能一窺堂奧。

玄牝之門、天地之根、綿綿若存：這三句都出自《道德經》第六章，原文為：「玄牝之門，是謂天地根。綿綿若存，用之不勤。」

精神內守：出自《黃帝內經·上古天真論》：「恬淡虛無，精神內守，真氣從之，病安從來？」淡泊名利、是心無掛念，正氣就能充沛，因此就不會得病。

抱元守一：道家術語，意指修真時要排除心裡雜念，保持心神清靜；如此就不會耗損精氣神，讓精氣神保持充盈。

【為腹而不為目】，這裡的「目」是向外看的意思。如果眼光很容易被外境牽引，就無法做到「抱元守一」、「精神內守」了。

長生必定源自久視，這叫做「道」。久視即是「綿綿若存、用之不勤」地守著那個「玄牝之門」、「天地之根」，這才是長生之道。

如果心緒向外奔馳，目光被外境吸引，耳被外聲吸引，口被外五味吸引，人就會被自己的五欲與六塵給役使，終生將被眼、耳、鼻、舌、身這五識所用，且會為了不斷滿足這五識的需求而淪為行屍走肉，成為感官的奴隸。

所以，聖人不為像「為目」這類的事，聖人既不會被外境牽引，又不會執著內五欲，只是把心和神聚焦在自己身上，這就是「為腹」。所以，聖人都是「營魄抱一」、「搏氣至柔」。

避免誘惑，找回初衷

【故去彼而取此】。「去彼」，去除的是外界的五聲、五色、五味、田獵娛樂與難得之貨。

所謂的「去」，並非完全不要這些事物，而是不去執迷，不被它們過分地牽引，知道自己真正要的是什麼。

修真者、得道者必定都是清心寡欲、視金錢如糞土、視美色如骷髏腐骨、視美音為使人喪志的靡靡之音。因為，當自己癡迷在這些事物的時候，心就不再守著「玄牝之門」，就會離開「天地之根」，忘了要保持「綿綿若存、用之不勤」的狀態。

「勤」是斷絕的意思，「綿綿若存、用之不勤」意即「時時起用而不斷絕」。「綿綿若存、用之不勤」才是修真之道、才是長生久視之道。聖人要取的是此，要離的是彼。

所以，佛講戒律，道講清靜。清靜而無為，無為而無不為，無為而無不治，都是這個理。

但我們必須清楚這點：需要被去除的是執著，並不是說因為我視金錢如糞土，所以就不需要金錢、就要排斥金錢、對金錢產生罪惡感。

《道德經》幾所謂的「視美色如腐骨」，不代表自己就不能有美色相伴，而是說不執著於美色。因為，一旦執著它，就會被它奴役，進而為它不擇手段、忘記自我。因

此要「去彼而取此」，也請大家務必好好理解「去」與「取」這兩個概念。

無為與無不為的平衡點

「無為」，意即沒有凡人的這些所作所為，才能真正達到「無不為」。

「無不為」是指當人成聖、超越、昇華了之後就能擁有一切。這時人才會不怕擁有，因為，即使擁有再多也不會執迷、也不會被事物奴役。人在這階段就知道自己真正想要的是長生久視之道，追求的是昇華圓滿。

想要修行得道、昇華圓滿，就必須脫離物欲橫流的紅塵。超然於物外、事外與人外，也就是看透人事物、看破紅塵。但是，我們的身體卻不一定要遠離紅塵。有些人雖然離開了紅塵遁入空門，心卻未必放得下。離開與放下是兩個截然不同概念。身在紅塵但心卻在山野，內心超然於紅塵之外，這才是修行得道的境界，也就是「聖人之治」。

《道德經》第十二章的提示就在這裡，希望大家能夠從中受益，在修行之道不走偏，更不要偏執一面。可別一

看到《道德經》提示大家別被外物所役，自己就因此堅決隔絕一切的人事物。這就走上另一個極端，是錯的！

即使擁有也不恃。不管是有了名譽或財貨，自己都不會對這些身外之物抱持更大的期待，不管有或沒有，我都看得很淡然。不恃，就不會被它奴役，這就是關鍵。

真正的修道，追求的是一種平衡。這個平衡並不以物質的多寡來論，而是指：即使物質再多，它們在我心裡也不算什麼。我也不會為了要獲得財富、美色、名聲、權力、娛樂和難得之貨，天天去奔忙勞碌，不擇手段甚至殺戮衝突。但同時我也不排斥這些東西。這就叫做「平衡」，這就是一個標準。我永遠知道，自己要放下對這些東西的無盡追求，因為我該追求的是長生久視之道。為了長生久視，我要做到綿綿若存、用之不勤，用一生追尋那「玄牝之門」，「天地之根」，這就是修行、昇華、圓滿的路。

第六章

寵辱若驚，貴大患若身

—— 《道德經》第十三章

肉身的小我與宇宙的大我，都是我的一部分。

我們要看淡肉身的小我，

重視宇宙的大我。

因為，肉身只是四大和合而成，終有消散的一天，

只有大我才是真正的我，是永恆的存在。

第一節 以身為貴，寵辱若驚

《道德經》第十三章

【寵辱若驚，貴大患若身。何謂寵辱若驚？
寵為上，辱為下，得之若驚，失之若驚，是
謂寵辱若驚。何謂大患若身？吾所以有大患
者為吾有身也，及吾無身，有何患？故貴以
身為天下者，若可以寄天下矣；愛以身為天
下者，若可以托天下矣。】

　　這章的「寵辱若驚，貴大患若身」則延續前面講「聖人
之治也，為腹而不為目，故去彼而取此」的思想。

　　《道德經》基本上是一個整體，所謂的章節都是後人劃
分的，其實原書裡面並沒有分段。上一章講「五色使人目
盲，五音使人耳聾，五味使人口爽，馳騁田獵使人之心發
狂，難得之貨使人之行妨。」聖人不被外境或欲望所牽引，
而是去尋找真實的自己，也就是所謂的「腹」。身體之內就
是「腹」！聖人向內看，所以「去彼而取此」」。那麼，第
十三章「寵辱若驚，貴大患若身」，也還是在講這個身體，
但換了角度，傳達了不要被外境牽引、勞役，卻同時也要注

意：所謂的「向內視」可不是更加重視身體；因為，如果太看重身體感受，就會呈現「寵辱若驚」的狀態。

【寵為上，辱為下】先解釋這句「寵為上，辱為下」。「寵辱」是個籠統的概念。「寵」從字面上可理解為恩寵、獎勵、得利等一切對自己有利的因素。至於那些屬於「辱」的「下」，則是對我不利的鄙視或侮辱。

【得之若驚，失之若驚，是謂寵辱若驚。】「寵辱若驚」在這裡被解釋為「得之若驚，失之若驚」。常人還未得道，基本上隨時都處於「寵辱若驚」的狀態，天天都患得患失。

得也憂患，失也憂患

人在獲得那些有利自己的事物會驚喜。但如果真正得到了「難得之貨」或是恩寵、關注和獎勵，那份驚喜隨後就會轉變成驚恐。為什麼？因為，在擁有之後就會開始害怕失去。

這種狀態貫穿我們一生。結果，每天不是驚喜就是驚恐，總在「若驚」的狀態。

【寵辱若驚，貴大患若身。】為什麼會這樣？經典傳達了「貴大患若身」。「患」是災禍，也可解釋為憂患。「大患」不一定是災，在這裡更貼切的涵義是「憂患」。「若」代表的是「有」或「則」。因為有了這具身體，所以你會對這付身軀「大患」（極度憂慮），才會有這種患得患失的感覺。

得也憂患，失也憂患，所以一直處於驚恐的狀態。這就像小動物好不容易得到可口的食物，雖然因此高興，但立刻就會警惕地查看四周有沒有其他動物來搶，並且開始藏匿躲避。這就是由驚喜而驚恐。常人也是如此。

這句「貴大患若身」傳達了，因為太看重身體感受、太看重這個有形之身，才會出現這種情況。

要修真身，別太重視肉身

【何謂大患若身？吾所以有大患者為吾有身也】。如果我覺得身體是真正客觀的存在，就會因為這具身軀、擁有這個形體，必然擺脫不了患得患失的狀態。

【及吾無身，有何患？】如果沒了身體，那還有什麼

地方值得憂慮的呢？

　　想一想，世間所有憂患都源自我的身體，也就是「我」這個形體。所謂的五欲（財、色、名、食、睡）全都是針對這個身體的。有了財富，身體才能更好地生存。有了色相陪伴，身體會更加愉悅。有名，名聞利養（註），就能讓身體得到萬眾敬仰。食讓身體很好地生存，睡讓身體很好地休息。我們的五欲完全就是圍繞著身體。看見美色、美景，讓眼睛非常地舒服。美妙的靡靡之音，讓耳朵聽了就覺得特別地舒服。口嘗美味、身觸柔軟，這些感覺都會讓身體舒服。如果我們看不透這一點，我們的生理感受及心理狀態就全都是在為這個身體服務了。

　　所以《道德經》這章講「及吾無身，有何患？」如果看清這個事實，明白肉身僅僅是四大和合之假象，知道肉身是虛幻的，就不會時時刻刻去為身體服務。這就是「有大患者為吾有身也」，這是凡人與聖人的區別！

---

*註：名聞利養，語出《佛母般若經》：「不求世間名聞利養，不樂多畜飲食、衣服、臥具、醫藥及餘資具。」佛陀帶弟子們在舍衛城外修行時，常有民眾因佛陀的名氣而送來許多物資；佛陀因此提醒弟子勿因聲明與餽贈之物而耽誤修道。名聞利養的正面意義是：因為名氣大而帶來有利身體的好處，貶義則是名利使人墮落。

聖人的觀念知見、看世界的角度，以及思維模式和行為模式，全都是反凡人之道而行，這才叫做「聖人」。凡人之所以是凡人，就是因為順著身體的感受，怎麼刺激、怎麼愉悅就怎麼來。聖人卻能看透這個真相，因此得以打破凡人這種模式而逆著來。

當我們看透這個真相，並且真正地在世間運用它的時候，就不會把身體看得太重要。我們會知道什麼是假、什麼是真。這個肉身不過就只是四大和合而來的假身，我們其實還有一個真身。這個真身藏在假身當中，它離不開這個假身，但是這個假身並不等於真身。

所以上一章說「聖人之治也，為腹而不為目」。所謂的「腹」，就是藏在這個身體內的真身，「目」則是這個有形身軀的表面。真身在肉身上看不見，卻又存在肉身當中，稱為「腹」。又因為「腹」在肉身深處，也稱為「玄」。玄是深邃、看不到，實際上卻存在的東西。假亦真來真亦假，肉身存在的意義就是它還承載著真身。

「為腹而不為目，去彼而取此」的「去彼」，就是去除這個肉身，去除顯化於外的、表面的這個身體。所謂的

去除肉身，並不是沒有肉身，而是放下它、看淡它，不要太重視。

為何要放下這個外在的、粗陋的、假的肉身？因為肉身不長久。肉身是四大和合而來的，四大總有消散的一天。如果你為肉身服務了一輩子，最後閉眼離開人世的時候四大消散，你就會發現所有的這些感受、愉悅、刺激全都是幻境，都會滅掉。所以，真正的聖人要透過這個假身去修真身。真身才是我們要追求的那個真正的自我。

儒釋道的修行都輕肉體

《道德經》一直都在傳達這項資訊：玄為真，形為假。眼見的並不是實、不是真，我們要從假當中尋找那個真。所有的禍患、憂慮、煩惱、痛苦，都是因為我們太重視這個有形的肉身，把它當成我的唯一存在，這就是一切痛苦的來源。其實，儒釋道說的都是這個通理。

佛法講究四聖諦，這是最基本的。四聖諦講生而為人就有八苦。這八苦是怎麼來的呢？苦有苦諦，找到苦的原因就是集諦，然後破除苦之因就是道諦，破除了苦之因得到的結

果就是滅諦。這就是佛法的四聖諦。

佛法的四聖諦和道法講的都是同一個理。道法傳達了，之所以有「患」（煩惱和痛苦），是因為有這個身體的緣故。我們因為這副軀殼才會有煩惱。這句「貴大患若身」也是在找苦之因。

佛法和道法，甚至連修行的方法，其實並沒什麼不同，只是用來描述的術語不同而已。

佛法傳達了如何放下這個現實中的肉身、放下這個形體。放下，並不代表沒有，不代表消滅。人會不斷地服務自己的肉身，所以，我們要放下的是自己被肉身勞役、控制的狀態。人不是肉身的奴隸，肉身僅僅是自我的一部分而已，不能代表全部的我。實際上，還有一個真正的、更深層的「玄我」，那個才是真正的我、不滅的我。這個肉身的我只是電光火石。在整個生命狀態中，肉身只像是一件衣服、一個投射、一個影子而已，很快就會幻滅。肉身只是個幻影，我們不能執著這個幻影，不能讓自己的喜怒哀樂、注意力、精神和心思全都集中在這個幻滅相。

佛講四聖諦、道諦的十一道品、三十七菩提分，傳達了

都是：首先要修的就是四念處。

四念處就是：自己放下對外境的執著，把注意力（神和心）安放在身體、安放在法上、安放在心上。我們要先收回神，放下這個肉身，再去修定，放下對內五欲的追求，逐漸地去找到那個真我。

就道法上來講，真我就是我們要追尋的本質，也是那個道。道是無形無象、不垢不淨、不生不滅、無始無終的。

所以，這章跟上一章的內容相連。第十二章講人要怎麼放下對外境的執著，而這章則是讓我們放下身體，因為身體並不是真我。

之前講述人因為有了身而有「患」（煩惱與痛苦），只要能放下這個身體，自然就無「患」了。

所有的修行都傳達了要讓肉身靜下來、讓真我不被肉身奴役；要想做到這點，就必須先做到清心寡欲。只有清心寡欲了，再按照正確方法去修營魄抱一、摶氣至柔、精神內守，這才是長生久視之道。

第二節 道生萬有，天下即我

【故貴以身為天下者，若可以寄天下矣；愛以身為天下者，若可以托天下矣。】什麼叫做「以身為天下」？這對真我、肉身以及外境有了更深的認識，是更高的境界、更大的格局。

宇宙即我，我即宇宙

【故貴以身為天下者，若可以寄天下矣。】這句「以身為天下」揭示了更深一層的真相：宇宙即是我，我即是宇宙。現代的量子力學也已驗證這點。整個宇宙因我存在，因為有了我才有宇宙，我不在了宇宙也就不存在了，這是我的宇宙。

每個人都在自己獨立創造的、唯一的宇宙當中，這就是真相。每個人僅在自己的唯一的宇宙中，「天地因我而存在」，就是這個理。

從凡人來講，不修道就無法領悟真相。那麼，聖人領悟到的真相是什麼呢？一切唯心所造 (註)。

　　所謂「一切」，指的是宇宙萬有，我能感知到、看到、聽到的世間萬物，以及我眼睛看不見的、耳朵聽不見的、身體觸摸不到的玄境，這些構成了宇宙萬有。而這一切都是我的心創造出來的，所以叫做「一切唯心造」，這是佛法最精髓的所在，這就是真相。

　　凡夫認為，只有皮囊裡包裹的是「我」，皮囊以外的人事物都是與我無關的「他」。所以，凡夫才會把自己和宇宙萬物分裂、隔絕、對立，並在這種狀態產生了「寵」與「辱」，有了你我他之分，並由此產生羨慕、嫉妒與恨、不擇手段的爭奪與衝突。因為自認只有皮囊裡的這個我才是我，為了這個肉身能夠更好地生存繁衍，就想辦法從他人那裡搶占更多資源，這就導致現實中的種種爭奪，煩惱和痛苦由此而生！這就是凡人。

　　反觀聖人，聖人知道真相，知道真正的我就是那個心。

　　所謂的心，在道法裡被稱為「道」，佛法叫做「阿賴耶識」。心無始無終，無對無錯，無形無象，不生不滅，是永

＊註：一切唯心造，語出《華嚴經》：「若人欲了知，三世一切佛，應觀法界性，一切唯心造。」意指一切道理都由心所現，世間的神佛也源於心。

恆的存在。道中含萬有，它包含一切可能。佛法也講阿賴耶識當中藏著萬有的種子，這都是同個道理。在一定的機緣下，這些種子投射出去而形成虛影，彰顯了道的運行及特性，這就是陰陽。陰陽形成宇宙萬有的運行，包括日月星辰、山河大地、動物植物。與我相關的宇宙的一切，都從我的心投射出來；所以，宇宙的一切都是我的一部分。

法身、報身與化身

佛講三身之道，我們的身體是有層次的：最真、最本體的那個叫做「法身」，法身無形無象，無邊無際，盡虛空遍法界；在皮囊內的我就叫做「報身」；宇宙萬有的山河大地、日月星辰、植物動物、其他人……，這都叫做「我的化身」。所以，肉體的我僅僅是我的三身之一。

凡夫通過眼、耳、鼻、舌、身這五識去認知和感受世界，認為只有報身的我才是我，至於自己感知到的這個世界則是與我無關。聖人卻知道，這個報身的我和化身的我其實都是我，都是本體的那個我（法身）發出去的一部分，這三者全都屬於同一個整體。

當我們改變觀念了，就不會把注意力侷限於報身。山河大地、日月星辰皆是我，都是我的心投射出的一部分。所以，佛法的精髓就是「唯心所造，唯識所現」，或寫做「唯心所變、唯識所現」。

道法也傳達了這個理：一切皆源自道。不管是我的身體，還是他人、動植物、山河大地、日月星辰，全都是從道延伸、轉化出來的。

道是什麼？道不是籠統、虛無、整體性的概念。

人人皆有道，每個人都有屬於他自己的道；人人之道化生成人人之宇宙。道法講得很清楚，這個道怎麼演化出它的宇宙。道法也講以我為中心，但這可不是以我的肉體為中心！整個宇宙天地都是我的道演化而來的，而我的肉身僅僅只是道的一部分投影。

道法和佛法說的都是同一回事。這兩者我們略加比較，就更能瞭解宇宙自然的真相，也就是人生的真相。

只有通達了上述之理，我才能真正做到《道德經》講的「以身為天下者」。

自古以來有很多人解釋這句「以身為天下者」，都解釋

成：我要有服務天下的願望，要重視天下，對待天下萬物就像對待我的身體一樣。

這樣的理解其實是不對的，這句可不能這樣解釋。

我為什麼要服務天下？為什麼不讓天下服務我呢？我是我，他是他，天下是天下。希望天下都為我服務，這才是人性。可你卻反過來說要讓我服務天下，那就得給個理由！所以，這樣理解根本就說不通。

不要隔絕大我

其實，「以身為天下者」可不是空喊的口號。我們在這裡講的道法與佛法也都不是虛無的理論、哲學或思想境界。當我們知道真相以後就會知道肉身和天下的關係──原來，我即天下，天下即我。

再怎麼重視身體，身體也僅僅是我的一部分。仔細觀察日月星辰的運行規律，其實也是在觀察我的一部分。用愛心來對待天下的動物、植物和人，其實並不是愛它們，而是愛護我的一部分。因為，這些全都是屬於「大我」。

【愛以身為天下者，若可以托天下矣。】所以，「貴

以身為天下」就是「愛以身為天下」。「貴」是寶貴,「愛」是敬愛。在還不明白這個理的時候,就會認為只有肉身才最寶貴,不可能認為天下寶貴,我最愛的是我的肉身(我自己),這就是小我。

聖人傳達了,肉身的我是小我,宇宙的我是大我。這句「宇宙即我,我即宇宙。」可不是說人體是小宇宙,這是不同的概念!我們不能太執著小我,只知重視、愛護小我,卻去割裂、隔絕大我,這是不可以的!

凡夫只知道有小我,然後在宇宙的人事物當中爭奪、衝突、占有,這就是一切痛苦的根源。聖人則把宇宙(天下)都當成大我來看待,這樣就能包容、接納宇宙的全部。這就是凡夫和聖人的區別。

為何將天下託付給聖人

想要得道,得先知道宇宙發展運行的規律、看到它的真相,然後才能真知;真知之後真行,這才得道。

得道之人的境界、格局、視野,必定不同於常人,這就是聖人。凡夫修自身,而聖人修天下。聖人修天下卻從

不執著天下。精神內守，而不固著在肉身的形體，守的是神，收的是心。所以這裡講「故貴以身為天下者，若可以寄天下矣」。

當你知道身體和天下的關係，就能從小我拓展到宇宙的大我，就能把宇宙的大我和自身的小我看得一樣寶貴，這時就「若可以寄天下矣」。

這句「若可以寄天下矣」的「若」通「則」。「若可以寄天下矣」意指，則可以把天下託付給你。

聖人引領眾生破迷開悟、尋回自我，由此掌控自己人生，進而再圓滿自己的人生。古人稱這樣的聖人為聖王。孔子說「古者包犧氏之王天下也」，包犧氏就是伏羲。伏羲不僅僅是人中之王，而是天下之王。為什麼伏羲可以成為天下之王呢？因為伏羲，包括其他的古代聖王，都能做到「貴以身為天下者」、「愛以身為天下者」，把天下當成自己來對待，知道天下就是自己。「可以寄天下矣」與「可以托天下矣」是指：只有這樣的人，我們才可以放心地把天下都託付給他。

通神明之德，類萬物之情

聖人有兩個特性，第一是「以通神明之德」，第二是「以類萬物之情」。《道德經》第十三章談及這兩個層面。

第一個層面傳達了，人生一切煩惱與痛苦的來源。第二個層面則傳達了人體肉身和宇宙萬物的關係。

經典傳達了要輕肉身，放下對肉身的執著，不要被肉身奴役，要心懷天下，境界高遠。其實，肉身是小我，人與宇宙萬物是一個整體。宇宙是我造的，這就是「一切唯心所造」。

要通達「一切唯心所造」這個最基本的理，才能知道宇宙和我的關係，才能放下對肉身的關注與愛，我們的境界才能高遠，格局才能廣大。這點是重中之重。

一切唯心所造，那麼，道是如何演化出宇宙的？道演化出來的宇宙跟我是什麼關係？這在道法裡沒有明確講述，語焉不詳，含含糊糊。但，這在佛法裡面卻有詳細的講解。所以，要想真正弄清楚這個理，就必須通達佛法裡的唯識學，

也就是「一切唯心所變，唯識所現」。

唯識學是整套的學術體系，有強大的邏輯。如果不通達佛法和儒學，也就學不通道法，不知道它在說什麼。

理是一個，各有偏重。儒釋道都揭示了最高的境界，卻各有側重，各有所長，互為補短。所以，我們要學傳統的智慧體系，絕不可以只學一門，因為每一門都是有侷限的，只學哪一門都通透不了。佛有所長，道有所短，同時也是道有所長，佛有所短。儒也是一樣，各有長短。一旦你通達了儒釋道，互為取長補短，就能在你的心中形成一個整體性的地圖，你就能達到一定的高度。

如果你不通達佛法，就根本看不懂這章在說什麼。你對它的解釋一定都是小我之見，談一些虛無的理想和境界。你就會解讀成要有為天下服務之心，但是這完全違背人性。我為什麼要為天下服務呢？我還想讓天下為我服務呢！如果你一味地向外去為天下服務，還以為自己是在為它服務，你做一段時間就會出現缺失，就會有問題。

綜合了小我與大我，這才是真我，我們就要在這找真我，既要貴愛肉身之小我，又要貴愛宇宙萬有之大我，又

不因此而執著。諸法無常，諸行無我，最後求的就是涅槃
寂靜。這裡面還有太多的理，這是一整套的學問體系，我
們必須通達的掌握，然後才能深切的理解這一章的涵義。

第七章

無象之象，是謂惚恍

——《道德經》第十四章

所謂的道，既看不見、聞不到也摸不著，

那我們該如何找到這個道呢？

道德經第十四章以不同角度提示，

更具體地傳達了道就在幾、希、微之處。

第一節　視之弗見，聽之弗聞

《道德經》第十四章

【視之而弗見，名之曰幾；聽之而弗聞，名之曰希；捪之而弗得，名之曰微。此三者，不可致詰，故混而為一。一者，其上不皦，其下不昧，繩繩呵不可名也，複歸於無物。是謂無狀之狀，無象之象，是謂惚恍。隨而不見其後，迎而不見其首。執古之道，以禦今之有，以知古始，是謂道紀。】

如果欠缺修行與境界，就解釋不了《道德經》第十四章的內容。自古以來，對這章的注解全都只停留在字面解釋，因此根本就不明白這段到底在說什麼。但如果你真的修行境界夠高深，修行功夫到了一定階段，就會知道它說的可不僅僅是個比喻，這裡面有著實實在在的實證功夫。

人身有侷限，道卻無窮盡

【視之而弗見，名之曰幾；聽之而弗聞，名之曰希；捪之而弗得，名之曰微。】這句「視之而弗見，名之曰

幾」在通行本裡，「幾」字基本上都是用「夷」來代替；其實，這兩個字都是同個意思，只不過是給它起了個名而已。版本用字不同，這點並不重要！關鍵是這句「視而不見」的這個狀態，我們要理解它說的究竟是什麼。

《道德經》第十四章的內容跟前面第十二章相呼應。

這句「視而不見」，跟《道德經》第十二章講的「五色使人目盲」相對應。

「聽之而弗聞，名之曰希」。它名之曰什麼不重要，但我們知道有種狀態叫做「聽之而弗聞」。這在前面第十二章講了很多：「睜開眼睛看見五色，你居然是盲的；張開耳朵聽到五音，你居然是聾的。」

宇宙之大，人憑肉眼與肉耳能看到、聽到的範圍實在是太小也太侷限了。還有更廣闊的境界，但我們卻視而不見、聽而不聞、摸也摸不著。

「捪之而弗得，名之曰微」。「捪」就是撫摸，摸不著的叫做「微」，特別地微細。比如，人須臾都不能離開空氣，但伸出手就能摸到空氣嗎？摸不著就叫做「捪之而弗得」，但空氣卻是實際存在於宇宙的。

我們一直說要去尋找「道」；那麼，道在哪裡？

現實中的人生，宇宙裡的人事物，其根源及本質之處就是道，一切都來自道。但是，我們睜著肉眼去看五色卻找不到道，道不在這五色當中；用肉耳去聽五音也找不到道；用身體去碰觸、去感知，也感知不到道。

道不在這裡。真正的道就在幽冥處！幽冥處也叫做「玄」。所以《道德經》一再傳達了，要找到那「玄關一竅」，要知道那個「玄牝之門」的位置，那裡才是「天地之根」，然後我們要「綿綿若存，用之不勤」。這樣，就能一點點地接近道了。

其實，老子節選這一段經典，就是要更具體地傳達了該去哪裡找尋道。找到了玄、知道玄在哪裡，之後才能累積玄之德。

道就在幾、希、微之處

【此三者，不可致詰，故混而為一。】我們透過理解何謂視之而弗見、聽之而弗聞、捪之而弗得的事實，從「幾」、「希」、「微」之處去找，道就在那裡！

「此三者，不可致詰，故混而為一」。我看不見、聽不見、摸不著的，其實並不是三種不同的東西，而是「混而為一」，它們其實就是同一個東西，也就是修道之門。找不著修道之門，就永遠沒法進入道之門。對於入了道門、得了道的人來說，他能找到這個修道之門。

這裡說「不可致詰」。「致」是極致，「詰」是追根問底。已經告訴你這三個狀態了：視而不見、聽而不聞、摸而不得，就是這樣的境界！

放下執著，才能打開神通

即使睜著肉眼，但永遠也都看不見「幾」；即使肉耳大張，卻永遠都聽不見「希」；伸出肉手、伸出舌頭、用鼻子去努力嗅聞，仍舊永遠都摸不到、嘗不到、聞不到所謂的「微」……。你不能太追根問底地去研究這到底是怎麼回事；因為一旦追根究柢，那就又陷入邏輯的窠臼。所以我們只能放下這些。

怎麼才能夠見到「視之而弗見」的這個「幾」呢？必須閉上肉眼，打開天眼，才能見到那個「幾」。閉上肉耳，

開通天耳，才能聽到那個「希」。放下對身體的執著，才真正能開通天足，進而能碰觸到那個「微」。

這裡講的其實就是天眼通、天耳通與天足通。

天眼通在以前也叫做「千里眼」。即使遠隔千萬裡，甚至在宇宙的另一端，只要打開天眼就能一眼照見，它沒有距離，也沒有時間的限制。

天耳通也一樣。隔著千山萬水、日月星辰，只要天耳一開，立刻就能聽到最真實的聲音。

天眼通看到的是玄色，天耳通聽到的是玄音。人耳在現實中能聽到的聲音範圍其實非常侷限，而且還會受到距離限制。只要環境稍微嘈雜一點，距離遠，耳朵就聽不見了。肉眼和肉耳都有非常大的窒礙，但是，天眼和天耳就沒有這些窒礙。

那麼，如何能觸碰到「微」呢？這就是天足通了。不管這個人、事、物離我多遠，只要我心念一動，我立刻就能接觸到它、就能跟它溝通。

先掌握了道，再應用於生活

這裡說的是天眼通、天耳通、天足通，如果你聽不明白或認為這是迷信，那就是還沒入道之門。這樣的話，你也沒法看懂《道德經》接下來的內容。因為《道德經》講的就是玄。玄學傳達了要放下眼見的、耳聽的、感知與碰觸到的一切，然後進入玄境。道在玄處，也就是「玄牝之門」。只有進了這個門，找到了「天地之根」，萬物由此而出，這就是道。

先找著道，感知到道，再以道來立綱常，這才是德。

綱常即是不變之理，現實中的不變之理都來自道。人得先知曉道、見道、之後得道，然後再將道應用在現實生活的綱常。

道不僅僅是一個理，也不僅僅是一種感覺，道是有歸依處也有歸屬地的，那就是天地根。而且，道是能找著的，是能看見、能聽到、能摸到的。

如果得入了那「玄牝之門」，並不斷地去修煉，自然就能愈來愈親近道，就能和道在一起。這不是虛無的哲學

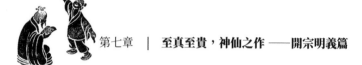

上的理，而是實實在在的存有。

《道德經》已經傳達了怎麼去找這個道，但是，你能領悟出來嗎？修道的方法非常簡單！這就是《道德經》的入門處，入了門才能深入地學習它，否則全是再字面上做功夫，那是沒有意義的。

如果你只從《道德經》學了一大堆空理，就只知道做事「滿招損、謙受益」，能有多大作用？世俗中類似這樣的理太多了！但是，《道德經》不僅僅教我們這些理，而是為我們打開道之門，讓我們入道門去修、然後得道，我們最後就能具備玄德，這才是真的理。

第二節　無狀之狀，無象之象

【一者，其上不皦，其下不昧，繩繩呵不可名也，複歸於無物。】接續前一句「此三者，不可致詰，故混而為一」剛好描述了這個「一」：「其上不皦，其下不昧」。「皦」是光明。你向上去看，它也沒有顯出光明；往下去看，它也沒有顯出黑暗。既沒有明顯的光明，也沒有明顯的黑暗，這就是混沌。這就是「一」的狀態。而混沌的狀態意味著無限種可能。

「繩繩呵不可名也」。這是昏昏沉沉的感覺，從「繩繩」解釋就是綿綿不斷，綿綿不斷兮不可名也。

「繩繩」這個字詞本身不一定對。前面已經說了「不可致詰」，我們在這裡也沒必要去深究這個字。關鍵是這個意境——它不可名，說不清，道不明。

道門裡的玄冥處

既看不到這個「一」的光明，又看不到它的黑暗。「一」就是一種存在。它既昏昏沉沉，又綿綿不

絕。

昏昏沉沉，代表的是混混沌沌。在這個狀態之下沒有空間的概念，空間也無大無小的差別。綿綿不絕就是沒有時間的概念，無始無終。你只能在這裡去尋找那個道、去見那個「一」。離開了這裡，就找不著道，見不著「一」了，所以才說「複歸於無物」。因為「一」是無形、無象、無物，但它又確實存在。「一」是天地根，是萬物的源起。

【是謂無狀之狀，無象之象，是謂惚恍。隨而不見其後，迎而不見其首。】「是謂無狀之狀，無象之象，是謂惚恍」這又在描述「玄關一竅」、「玄牝之門」，描述道門裡面就是這種狀態。「隨而不見其後，迎而不見其首」，這裡說的還是：沒有空間也沒有時間。

入道的密術不可外傳

《道德經》一再描述道門裡的玄冥處（玄微處）究竟是個怎樣的狀態，就是不教人如何進入這個道之門。《道德經》一再告訴我們有個「玄牝之門」，那裡就是「天地之根」，但始終是不告訴我們該如何進這個門。這是因為，

理可以廣傳，但是密法、密術卻不可以這樣傳，必須有大機緣，遇明師點化，才能把你領進道之門。明師領進門，修行在個人。

如果你對這些描述、這些狀態還不知道具體指的是什麼，你就是還沒入門，不是內行人。真正入門的人一聽，就知道在講些什麼。

【執古之道，以禦今之有。】這句「執古之道」 裡頭的「執」是掌握、把握之意，「古」指的是上古。

從上古傳下來的大道之理和大道之法，並不是哪個朝代的人或哪位聖王發明的，而是在人類出現之前就有了，有了天地就有了大道之理和大道之法。

「以禦今之有」的「禦」是統禦，也就是治理、修身及治國的意思。所有的東西都從這兒來的，這叫做「有」。

「執古之道，以禦今之有」整句意思就是，我們要透徹掌握那些從上古傳下來的道理與道法，並在現實中去運用它。

中華的聖人都是「述而不作，信而好古」。上古之道演化成世間不變之綱常，不可變、不可更，這叫做「恆常

性」。

【以知古始，是謂道紀。】這裡「紀」是指標準。道是有標準的，掌握了方法就能看得見也摸得著、說得清也道得明，這叫做「道紀」。

我們從哪裡能掌握住道的方法呢？這句「以知古始」說了，就是那些從最原始傳下來的靈竅。

修道入門必須找到靈竅，這靈竅就是「玄牝之門」，玄關一竅，道的先祖在那裡等著我們。佛法與儒學也是如此！修佛必須找到靈山，佛在靈山之中講經說法。修儒必須找到靈台，聖人在靈台之上。

所以，《道德經》第十四章這章也無法從字面上來解讀，因為它講的是修行境界，講的是真功夫的東西。

如果你學到這了仍覺得道是看不見、摸不著、說不清、道不明的，那你就好好修福德，等待明師帶你入門。第十四章的這些內容對內行人來說則無需多講，一念便知。但，對外行人則是再講也講不明白，只能講到這裡。

第八章

夫唯不盈，是以能敝而新成

—— 《道德經》第十五章

真正有智慧的得道者都深藏不露。

那些行事激進、張揚的人，

即使成功也不長久。

因為，極端就不合天道。

所以，我們無論在思維模式和行為舉止都要符合天道。

第一節　微妙玄達，深不可識

《道德經》第十五章

【古之善為道者，微妙玄達，深不可識。夫唯不可識，故強為之容，曰：豫呵，其若冬涉水；猶呵，其若畏四鄰；儼呵，其若客；渙呵，其若淩釋；敦呵，其若樸；曠呵，其若穀；渾呵，其若濁。濁而靜之，徐清；安以動之，徐生。葆此道者不欲盈，夫唯不盈，是以能敝而新成。】

【古之善為道者，微妙玄達，深不可識。】這段描述「善為道者」（真正能夠得道的人），他的狀態和境界就是「微妙玄達」。

「微」是見微，也就是上一章描述我們應該能見到卻視而弗見的那個「幾」，應該能聽到卻聽而弗聞的那個「希」，應該能觸碰到卻揗之弗得的那個「微」。能夠進入「玄牝之門」、知「天地之根」，這就叫見微，識微。

「妙」是妙處，也就是本源、本質。我們在見到了「幾」、「希」、「微」之後，才能真正地見得到道，也就

能明白道的本源與道的來處。這就是「妙」、妙處。從顯化於外的物體的表面是看不到「妙」的。

「玄」就是深，深深隱藏在事物的表面底下。

「達」是通達。也就是通達眼所見、耳所聞、身體所能觸碰的表面，又通達「幾」、「希」、「微」，這就叫做「微妙玄達」。

解讀《道德經》的人，幾乎都會把這句「微妙玄達」當成一個虛理。若從字面上去解讀，這句話當然沒有意義。但「微妙玄達」卻是實實在在的理，真的有一個「玄牝之門」。我們必須找到這個「玄牝之門」，才能見到「幾」、聽到「希」、碰到「微」。

道在形而上之處

孔子傳達了，「形而上者謂之道，形而下者謂之器」。道在形而上之處，你得先知道形而上的世界在哪裡，然後進入形而上的世界。這個入口就是《道德經》說的「玄牝之門」。進入玄牝之門之後，才是真正地到達幽深的境界，才能見到玄之德，才能碰到道的邊。

這境界是凡人只靠想像都想像不到的。因為凡人沒有掌握正確的方法，因此永遠都進不了「玄牝之門」。

得道的人則因為已達到凡人不可企及的境界，所以會給人「深不可識」的感覺。「識」是認知，瞭解。這些得道的人給凡人的感覺是做事不按常理、不合常規、高深莫測。這章描述得道之人的狀態，就是「微妙玄達，深不可識」。

大智者為什麼若愚？

【夫唯不可識，故強為之容】這句意思就是，我勉強地再形容一下得道之人高深莫測的這種狀態。

【曰：豫呵，其若冬涉水】的「呵」也就是「兮」，語氣詞。

「豫」是一種特別謹慎、敏感的動物，做什麼事都猶豫不定。「猶」也是一種動物，據傳這種動物個性非常謹慎。這裡用了兩種動物來比喻得道者的言行特色。

「豫呵，其若冬涉水」，就好像冬天涉水的時候，「豫」這種動物走在水面結成的冰層上，哪怕它知道深冬季

節的冰層很厚，不會有問題，「豫」還是戰戰兢兢、謹小慎微地走，如履薄冰。別的動物才不會想那麼多，像虎、狼、豹之類的，一溜煙就衝過去了。

這用「猶」與「豫」這兩種動物來比喻得道的人是如何地「微妙玄達」。

我們以為得道的人做事會大刀闊斧、特別地果斷，其實不然！道行愈深厚的人就愈謹慎，愈不敢輕易做出決策，因此給人一種猶豫、不果斷的感覺。

愈是具備大智慧的人，就愈表現出大智若愚的狀態。反而是那些擁有世間小智的人，做事果斷、一往無前，一旦失敗往往就沒有餘地了。

大智者為什麼若愚，為什麼猶豫，為什麼有諸多顧慮呢？因為大智慧者看問題的時候，看的角度太全面了。看問題的角度愈全面，就愈能看到整體，就愈不容易做決策，這就是得道者的狀態。

凡是堅定果斷的決策者，都只看到事物的某一面，看到這個專案好，就趕快去做。他無法看到不好的那面，甚至是明知有風險卻不想去了解。一旦不好的那面呈現出來

了，整個案子就功虧一簣。當風險來臨的時候，這樣的決策者會完全沒做準備。這種人就不是智者，也絕不是得道者。

得道者藏跡於民間

【猶呵，其若畏四鄰。】就是得道者的狀態。「猶」這種動物，顧忌特別多。這種動物在人群當中非常謹慎，害怕驚擾四鄰，害怕被人發現了牠就會有危險。

猶豫是一種狀態。聖人（得道者）是具備大智慧的人，所以，做什麼事都是悄悄地進行，深藏而不露。聖人就在四鄰當中，在街道上的家家戶戶之間穿行，但是，誰也不知道他的存在。

我們以為得道之人都是正大光明，做什麼事都坦坦蕩蕩的，其實不然。真正的得道者必定藏跡民間，得道之人的行蹤軌跡一定是摸不著也看不透的。

並非得道之人故意藏起來不讓人看見，而是他在人間該做什麼就做什麼，誰也看不出他的聖跡，誰也不知道他是得道的人。得道之人和平常人一樣，該吃就吃，該喝就喝，該成家就成家，該煩惱就煩惱，該喜悅就喜悅，這就

是藏跡於民間，讓人看不出來他是聖人。

　　和其光，同其塵，這才是真正得道的人。那種一看就與眾不同、鋒芒畢露、光芒四射的人，必定還沒有得道。

　　這段形容真正得道的人是怎樣狀態，目的就是要傳達了，得道以後會是什麼樣子。再者，就是讓我們分辨誰才是真正的修道人，如果不符合這種特徵的，那就一定不是得道的人。

聖人謙沖自持，絕不失分寸

　　我們經常混淆得道的聖人與偉人。偉人可不是聖人！偉人的特點正好跟聖人相反。偉人都是果斷堅決、光芒四射、勇往直前的。偉人不會藏，他們都善於煽動，居高臨下，天天說著引領眾生的堂皇之詞，什麼事都衝在前頭。這樣的人絕不是得道的人！得道的人沒有一個會這樣做的。

　　【儼呵，其若客】的「儼」是肅穆莊嚴，知敬畏的狀態。聖人對誰都彬彬有禮，保持一定的界限。這叫做「若客」，就像是賓客到別人家去，言行舉止都得注意。所以，聖人雖混跡民間，卻不會失了分寸，必是隨時都掌握

合理的尺度，對誰都客客氣氣。

孔聖人在《論語》說了一句話：「唯女子與小人為難養也，近之則不遜，遠之則怨」。這是說我們很難拿捏和女子與小人的關係的這個尺度，如果跟他們親近了，他們就會「不遜」。「不遜」就是太親密了，親密得沒有界限，已經到了不知禮節，沒有敬的程度。可是，一旦疏遠他們，保持距離，他們就開始怨恨。孔聖人這句話裡頭的小人和女子，並不是專指全天下的女性，而是指格局小的這類人，不論男或女。如果女子能掌握好這一點，她也是君子。

所以，真正得道的人，必然是處處拿捏好尺度，知分寸，知敬畏。即使你跟他關係再好，他也是客客氣氣地，很尊重你。如果你跟他關係再不好，他也不會有意地疏遠你或跟你起衝突。

聖人都是平易近人的

【渙呵，其若淩釋】的這個「渙」字就是說，我們跟得道的人在一起，感覺他既莊嚴肅穆，有些距離感，但他又不像冬天那麼地冷酷清高，就像是冬去春來、寒冰初釋

的感覺。得道的人嚴肅而不高遠，親切卻又不會讓你跟著放肆。得道的人和藹可親，就像春風拂面，能一點一點地融化掉我們心中的寒冰。

【敦呵，其若樸】。得道之人讓人感覺他很敦厚，並不是那麼地機敏。跟他在一起，就會發現他這麼人非常簡單，特別質樸，說話時沒有華麗的詞藻，表情和行為也不浮誇，這就叫做「敦呵」。得道之人敦厚，靠譜，既不張揚也不卑微，給人一種踏實的感覺。

【曠呵，其若穀】。得道的人心胸廣闊，就像山谷般地包容萬物，生機勃勃，不狹窄也不憋悶。

【渾呵，其若濁】。感覺上，得道的人並沒有那麼地善惡分明，特別地「渾呵」，跟什麼人都能接觸，並不是那麼地清澈透明。

清澈透明在世間的表現就是嫉惡如仇，善惡是非分明。正義感太強的人，通常會過於嫉惡如仇，眼裡容不得半點沙子，再怎麼樣都要保持自己所謂的純淨。但是，水至清則無魚，這樣反而導致沒人敢接近他。因為每個人的身上都有汙點，都有完美及不完美的一面。

得道的人絕不會這樣。他渾渾呵呵地，跟善人在一起很「渾呵」，跟所謂的惡人、大家都討厭的人在一起也很「渾呵」，就像濁水一樣。真正得道的人（聖人），絕不是那種至純至淨、至白至美的人，而是像太極一樣。

太極看似完美，但這個完美體現在它的整體性，也就是完美與不完美的這兩部分有機地、系統地融合，這才是真正的完美。所，以我們看太極圖的感覺就是「渾呵」，有黑有白，但，黑白並不分明。因為太極圖是動態的，黑與白之間是隨時都在相互轉化和消長，這就是聖人的狀態。

所以聖人的特點就是「渾呵」，也就是「和其光、同其塵」，同時也是「深不可識」。你根本就看不出來他到底是善人還是惡人，是白還是黑。聖人無善、無惡、無好、無壞，他不是對立分明的。會對立分明者必不是聖人。

這些就是對聖人的狀態和境界的描述，也就是第二段第一句「強為之容」勉強形容一下得道的人是什麼樣的描述。

歷史上的老子就是典型的得道者，他神龍見首不見尾，高能躍於九天之上，低能藏於九地之下。我們只聞其

名卻未見其實，但是，我們身邊見到的一切人卻都有可能就是老子。老子看似高遠，其實就在我們身邊，這就是聖人。

第二節　夫唯不盈，敝而新成

我們在真正的修道過程中，隨時隨地都要保持一種平衡的狀態。

心太清或過濁都不好

【濁而靜之，徐清；安以動之，徐生。】這裡的「徐清」，指如果心緒太濁了，我就靜下來 。這就像水太渾濁的時候一樣，要讓水靜下來，泥沙汙穢就會自然地沉澱、分層，水就能慢慢變得清澈。

修道的過程不走兩個極端。太渾濁了不好，太清澈了也不好。太清澈是因為太靜了，水和泥沙太分明了，水就會愈來愈清澈。

但是，太清澈了也不符合陰陽平衡的定律，要讓它動起來，泥沙和水混而為一，水就會開始渾濁了。但是，水動過頭了就會變得太渾濁，分不清是泥沙還是水，這也不行，得讓它靜下來。一靜下來，泥沙就沉底，水自然就變得清澈了。

其實，修道就像這個過程：「濁而靜之，徐清；安以動之，徐生」。水至清則無魚，不能生養萬物；太渾了也不可以，恰到好處才是最好。太靜了，水與泥沙分了層了，這時就要動一動，萬物才能萌生。如果自己心思渾濁了，就要靜一靜，這時天地才能分層。

在變動中尋找恆常

宇宙自然在變動的過程中去找一種恆常，這就是陰陽的平衡。萬事萬物都在動，處於震動的狀態。

震動得大了、頻率就高，那就會打破平衡。當頻率高到一定程度，我們就要降低震動的頻率，甚至傾向於靜。當震動頻率過低了，則要往高頻率去調整。宇宙就是在這個狀態之下生生滅滅，這個過程就是生生不息，萬物都由此而生死始終，循環往復。

動是常態，它同時還追逐著平衡，無限地接近那個平衡點。如果動得太劇烈了，還不知收斂，還不能靜下來，那就會一下子打破平衡，整個宇宙立刻崩塌消失。如果太靜，靜到極致了，則會打破這個極點，宇宙也同樣會崩塌消失。

動是在一個可控的範圍內，不走極端，既不達到極點，又不達到絕對的平衡，絕對的平衡就是靜到極致。宇宙就在這兩個極端之間不斷地波動變化，既有恆常性，又有多變性。道就是要掌握這個規律，在這之間上下運動，生生不息。

【葆此道者不欲盈，夫唯不盈，是以能敝而新成。】

如果真正掌握了「葆此道者不欲盈」這個規律，做事就不會走極端、不會做得太滿，因為太滿就會消亡。

「夫唯不盈，是以能敝而新成」。「敝」是舊，破舊迎新。「新」是新的生命、新的狀態。

破舊迎新，意指我們要善於打破原來的軌跡。當我按照原來的軌跡往上做而動到一個度的時候，按照80／20法則，大約到了80％的時候就該收斂。這時，打破原來的軌跡就叫做「敝」，去舊。迎新是往下來，卻又不落到底。同樣也是到了80％左右，就開始往上再起。一輪新的波動就出現了，又開始新的一輪循環往復了，這就叫做「敝舊而迎新」。

我們學《道德經》要掌握這個宇宙萬物湧動發展的規律，湧動式發展才能保持長生久視之道。千萬不可以走極

端，一極端就沒了，這叫做「不可盈」，所以「葆此道者不欲盈」。

掌握好「夫唯不盈」這個原則，就能總是敝舊迎新，你的生命就在這個過程中循環往復，這就是得道者。

內懷重寶而不露

第十五章對得道者的狀態做了描述。

我們無需去看別人，也無需去找出身邊有沒有得道者，因為道既找不著也看不見。這個得道者狀態的標準其實是說給自己聽的，要以此來檢驗我的為人處事是否符合得道者的特性。

得道者的特性是為人的最高境界！我們要想向聖人去學習，就得從這裡開始學。

做事之所以會激進、失敗，一定是不符合道之規律。不符合天道的人，即使看似成功，那也是短暫地成功，不可能長久。現實中很多人做事都是雷厲風行、勇往直前，以為這樣就能成功，其實這樣的人死得都很快。所以，我們學了這一章以後，要反思自己的思維模式和行為舉止，

是否符合道。

　　老子之所以寫這一段，是因為世人並不知道得道者是什麼樣的境界，錯把偉人當成了聖人，錯把聲名遠揚的、所謂的成功者當成了偶像；結果，那些凡是在現實中飛揚跋扈、高調炫耀、富貴外露的人，都是金玉其外、敗絮其中，全都沒有好下場。

　　有寶必要深藏，真正有智慧者要做到內懷重寶而不露，外混跡人間而不顯，外形與大眾無異，這才是得大道者。我們要知道自己該向哪一類人學習、要做到哪個程度、應該隨時保持哪種狀態，這樣才能保證自己是明眼人，能分辨出聖人和外顯者。這一段對我們有非常大的指導意義，希望大家能夠好好去領悟。

第九章

歿身不殆

——《道德經》第十六章

一般人該如何出凡入聖？

我們要靜心去理解天道的規則、守住做人的本分；

如此一來就可接近道、掌握道的諸種規律。

能夠知常之後，才能有容；

因為有容，才能有公，進而能統領世界。

第一節　萬物並作，吾以觀其複

《道德經》第十六章

【至虛極也，守靜篤也，萬物並作，吾以觀其複也。夫物芸芸，各複歸於其根。歸根曰靜。靜，是謂覆命。覆命，常也；知常，明也；不知常，妄；妄作凶。知常容，容乃公，公乃王，王乃天，天乃道，道乃久，沒身不殆。】

　　這章在論道，探討人如何才能接近道、怎麼去掌握道的規律，以及得道之後能獲致的正面結果。

要靜下心來找到內外的平衡

　　【至虛極也，守靜篤也。】「至虛極也」的「虛」乃不實，虛不可見。「至」是極致，「極」是極處。「守靜篤」的「篤」就是固，是牢固、堅固的意思。這句「至虛極也，守靜篤也」意思是：只有虛到極處，所謂的「靜」才能堅固。這裡的「靜」其實代表平衡，堅固的平衡就是道。道體堅固。道體怎麼能堅固？必須做到「至虛極」。

「虛」乃不實也。所謂的宇宙萬有是存在的嗎？如果你認為宇宙的萬有，不管人事物、日月星辰或山河大地都是客觀存在的，那它們就是變化無常。當你隨著它的變化而去找規律，你就會執著於它，而且永遠都跟不上它的變化。這樣子，你就永遠都靜不下來，永遠都找不到那個平衡。

只有認清萬物真相，知道萬物的本質就是虛無、並非實實在在的客觀存在，才不會被世間的人事物牽引、執著，才不會陷入沉迷。只有在這個狀態下，才真的能感受到道的存在。

所謂的「篤」也就是牢不可破，這就是恆常性。

只有道是恆常的。如果你在萬物之中隨著萬物的變化追尋著它們的始終、生死，那你就會離道愈來愈遠、永遠都見不到道。

我們必須達到「至虛極」的狀態：眼見萬物有始有終、隨時都在變化，但是內心卻不隨它而動。這樣才能真正地守住道體，才能處於一種相對平衡的狀態，這就是「守靜篤」。

能夠「守靜篤」的時候，我一眼就能看到人事物的本

質，不會被眼前的境給迷惑，也不會被自己的五欲牽引，那些都是假、都是虛、都是幻；如此一來，我的心才靜得下來。這樣子，我的思想、思維甚至情緒，都不會隨著外物或自身欲望所動。

人不該干涉萬物萬事的運作

【**萬物並作，吾以觀其複也。**】道家講的「守靜篤也」，這種狀態其實就是佛家修煉到高境界的「如如不動」，也就是儒家講的「不以物喜、不以己悲」。這三家描述的其實都是同一個境界。

只有做到這點了，我才可能「萬物並作，吾以觀其複也」。當我的心靜下來了，變得相對平衡，能夠守住道體了，再去觀看萬物並作（宇宙間萬事萬物的成住敗空），這時我就只是一個單純的觀察者。

這章呼應《道德經》第七章所提到「後其身而身先，外其身而身存」，這是一種得道的狀態。我觀察世間的人事物，而且不對這些人事物進行強加、控制或占有的動作；萬事萬物因此得以很自然地按照自己的規律去生長、發展，

這叫做「萬物並作」。

「吾以觀其複也」。「複」就是萬物的生死、輪迴、始終,生命循環往復的過程。「吾以觀」,我觀察著萬物,不去干擾。這是得道者的一種狀態,不以自己的好惡或善惡標準去要求萬物。比如,我們在草原看見一頭可愛的鹿正在吃草,但突然間有隻兇猛的獅子要撲向這頭鹿。如果我心中有善惡、好壞的分別,就會認為獅子是壞的、鹿是好的,獅子惡而鹿善,就會警告鹿讓牠逃走,這就干擾了大自然的循環過程。

要知道,人只是一個觀察者,萬物各有其規律和命運。鹿被獅子吃掉,我不該因此悲傷。如果我干擾獅子獵捕鹿而拯救了鹿,這看似做了好事;但是,獅子抓不到獵物,牠的小獅子可能因此餓死了,這樣一來,我對小獅子就不公平。

「萬物並作,吾以觀其複也」,聖人定是以這種心態來面對世間一切人事物。聖人心中無善惡、無好壞,也沒有所謂的完美或不完美。他就是因為什麼都不管,所以才是聖人。

你看，太陽管什麼？太陽只管做好自己的事。世間萬物的生長衰敗都自有規律，太陽不會去干擾、控制或占有。太陽不會因為什麼人事物好就照耀它，也不會因為什麼不好就不去照耀它，這才符合道！聖人就像太陽一樣，只做好自己該做的事，不去干擾、參與、占有或控制世間的萬事萬物，這樣才可能王天下（統治天下）。

人人盡本分，社會就和諧

我們得靜下來，靜下來才能不以物喜、不以己悲。靜下來了，世間一切的善惡美醜就讓它發生，而我只是做好我自己。

但是，怎麼做好自己、應該做些什麼？這就是我們要在《道德經》後面的章節要學習的。

從儒學來講，聖人要做好的就是教化事業，不管眾生好壞，都要有教無類。佛講度化、道講有緣，但儒家卻不講有緣。儒家認為聖人該像太陽普照天下般地教化眾生、傳授聖人之道、教天道之規律、引導眾生掌握平衡，然後根據天道在世間樹立綱常。綱常乃世間不變之規。我們再根據綱常

來樹立倫理道德——當然，這就會分出是非好壞了，因此而落入下乘。但這是必須分的！只有人人都遵守倫理道德的標準，社會才能真正地和諧。樹立倫理道德之後才有禮治。禮樂是教化之形，大家都得遵守基本的規範。然後才有法律。法律用來懲罰，不守規範者就要接受懲罰。

這整套體系，就像這世界一樣，既有太陽普照大地，同時又有四季、白晝與黑夜來調節萬物。四季和晝夜就像禮規，不守禮規者會遭受懲罰，這就是天道之運行。

我們要好好理解地這句「至虛極也，守靜篤也，萬物並作，吾以觀其複也」，就能更好地去理解自己平時該做什麼。

如果人人都能按照這個道理去做，不去干擾、占有或控制他人，那麼，天下就能太平了。

現在大家都不知也不遵守道，都在「妄作」。妄作就是「凶」，所以衝突不斷、爭伐、殺戮不斷，人間的禍患就是這麼來的！如果愈來愈多的人知曉「道之統」，守住道體，安住本分，做好自己的事，那就能天下大順、天下大治了。

無為而無不為，天下即大治

所以，這套東西要廣而傳之，讓人人知道，人人做到。

漢初和唐初政府秉持、宣傳和推廣的就是黃老之道，就是這套東西，所以後面才有強漢與盛唐的出現，天下大治，百姓安樂。

真正的聖王之治必定遵循「內用黃老、外示儒學」的路線。向外顯化的是推廣綱常、倫理、道德、禮規、法治，這叫做「外示儒學」。至於「內用黃老」則叫做「各守道體、各安其分、各司其職、做好自己」。

如果每個人都能做到無為而無不為，那麼天下就能大治！每個人也都可以無限發揮自己的力量和潛能，同時又能在外守住倫理道德及禮規。這才符合天道之規律，才是真正治理國家的正道！

第二節 知常明也，歿身不殆

【夫物芸芸，各複歸於其根。】「夫物芸芸」是萬物蓬勃生長、發展壯大的樣子。「各複歸於其根」則是說萬物最後必定又會回歸它的來處。比如，樹和草都來自大地。種子在大地、陽光和雨水的護佑之下破土發芽，然後茁壯、長成參天大樹。但是，參天大樹不會永遠都往上生長，到了一定階段，過了壯的階段以後必然衰，衰了以後必然倒，最後必然回歸大地。因此來自大地，歸之大地，這過程就叫做「夫物芸芸」。萬物從哪裡來，就回哪裡去，人也一樣，來自無，無中而生有，最後還是回歸於無，這就叫做「根」。

從無到生有、滅亡的循環

【歸根曰靜。靜，是謂覆命。】這裡的「靜」，意指平衡的狀態，也就是「無」的狀態。「無」狀態是「虛」，「虛」就是「道」的狀態。

但是這個「無」並不是什麼都沒有，「無」當中反而

蘊藏著萬有，有著無限多的可能。這個「無」就叫做「道」。所謂的「沒有」，那可不叫做「道」！這個「無」是無中生萬有，「虛」中含著萬有，也叫做「靜」。

這句「靜，是謂覆命」的意思是說，那個無，那個虛，即是道。命運循環往復，不斷從無到有的過程就是「根」。這就是道的作用！

道體看似無，實際上卻內含萬有。緣聚則成形，「無」中立刻就生出「有」，從而展現成住敗空的變化。緣散，形就散了，一切又回歸於「無」，也就是「空」的狀態。萬事萬物就在這個不斷循環的過程中，這就是「覆命」。

「覆命」的根本在於「靜」。所謂的「靜」就是道、道體。因為有了這個道體的存在，這個世界才能生發出各種狀態的生命體。

由「靜」而生發出各種往復循環的生命體並不是固定的。例如，人死了以後不一定會再變成人，也許下一世就變成了植物或動物，也有可能會變成外星人。這得根據各自的緣而變，不斷地輪迴為各式各樣的生命體。所以，萬物在道

體這個層次皆平等。萬物看似各有不同，但都屬於同一個道體。這句「歸根日靜」就指出，萬事萬物都來自同一個根！

不通曉天道，就會招來痛苦

【覆命，常也；知常，明也；不知常，妄；妄作凶。】

「覆命，常也」意指生命的循環往復是一種常態、一種規律。「知常，明也」：我知道這個規律，知道我從哪裡來、之後面會怎麼變化，也知道為何變化……，這才是「明」（不迷惑）。

一切源自道體，根據因緣的不同而生成各有其形的萬物。然後，這個形是有成住敗空的，最後會再歸根於靜、歸於道體，重新再來。打個比方，你的身體僅僅只是你的「覆命」而已，是你這個生命體在循環往復過程中一個極微小的某一段、一個小過客而已。

這句「不知常，妄」則是說，如果你不知道什麼讓你的生命生成、存在，也不知道這個生命體在結束以後會去哪裡，這就是「不知常」。

如果不知道「常」這個規律，做什麼事情就全都是

「妄」了，因為你都是閉著眼睛做事，就是一個迷中人而已。你會貪戀、癡迷於各種欲望，為之執著、奮鬥一生。人來到這世上的時候赤條條，走的時候兩手空空。所以，你的一切執著與奮鬥都沒有意義，都是「妄」。

「妄作凶」：你如果按照妄想去做，今生就會有禍患，而禍患就是「凶」。在佛法裡叫做「無明」，無明而生困惑，困惑而生煩惱，煩惱而生痛苦。比如，你沒賺到錢，怕得不到財富，因此天天恐懼。當你得到財富的時候，卻更加恐懼了，因為害怕失去財富。你這一生都在煩惱和痛苦之中「寵辱若驚」，天天都心不安。這就是「不知常」、「妄作凶」。

這裡傳達了要守住道體，觀「萬物並作」、「觀其復也」。

知其根曰「靜」，「靜」曰「覆命」。我們要真正地通達、掌握命運循環往復的規律，然後才能知道生命的意義、才能找到那個真我。真我就是自我命運的主宰。回歸道體，「至虛極」、「守靜篤」。這樣才能在活的時候掌握命運，才能在死亡的時候解脫生死，不在迷中輪迴，這才是我們今

生的目的和意義。

「覆命」乃「常也」，要「知常」才能「明」。我也是萬物之一；所以，我觀察萬物並作其實也就是在觀察自己。

我要知道萬物芸芸一定都歸其根。「歸根曰靜」，「靜」是道體。掌握了那個根，我要怎麼變化都由自己來掌控，這就叫做「大自在」。佛家說的大自在，就是解脫生死，不受所謂「覆命」的制約與役使，超然於物外。

有「容」盡「公」，才能王天下

【知常容】意指，當你真正知道了萬物並作之規律，你的心胸必然廣大，你看問題的時候就不會侷限於小我。

「容」不僅是包容之意，還帶有融合的意思。萬物皆我，我即萬物，這就是「知常容」。所以，《道德經》第四章的「和其光，同其塵」是「容」；第十五章提到的「曠呵，其若谷」是「容」；「渾呵，其若濁」也是「容」！

【容乃公】這句指包容天下、融合於天下。「萬物並作，吾以觀其複也」：只有達到了這樣的狀態，才可以真正地做到所謂的「公」。

「公」是公正無私，無私者才能大公，有私者一定做不到公。有私者按照自己的好惡和善惡的標準去行事，永遠都做不到公。就像前面舉的例子，如果你心中有一個標準，認為鹿是可愛的、善的、好的，獅子是兇惡的、殘忍的、壞的，你按這標準來行事，這就叫做「私欲」、「自私」。在這種私欲或私念之下，你可能就會去警告鹿，讓鹿逃跑，不讓獅子咬死牠。你認為這樣做是對的，但，對獅子來說就不公了。你因自私而不公。

所以，有「容」才能有「公」。如果你包容不了天下萬物，不能以觀察者的狀態來看待萬物並作，就永遠都無法做到「公」。這個「公」往往會給人一種無情的感覺。也許別人會說你「怎麼如此沒有憐憫心呢？看見獅子要去撲鹿了，你為什麼不去警告鹿呢？」大公者看似無情，其實是勝有情。必須在無私的狀態下才能做到這種「公」。

沒有自己所謂的是非、善惡、好壞的標準，這就是聖人的狀態。以天道為標準，守住道體、守住「靜」、守住「根」，這樣才能達到「容」的狀態，然後才能達到「公」的狀態。

【公乃王】是指當你達到了「公」的狀態，才可以真正統領天下，就像伏羲一樣：古者包犧氏之王天下也」。

怎樣才能擔任天下之王呢？所有民族都崇拜太陽、都把太陽當做天下之王，因為太陽具備了道的德行。太陽包容、生養著萬物。太陽是最公平的，它普照大地卻不占有、干擾、控制萬物，這樣才可以稱為「天下之王」，而不僅是人之王而已。

因為「知常」才能有「容」，因為有「容」才能有「公」，因為有「公」才能成為天下之王。

符合道的規律才能長久

【王乃天，天乃道】。我們都心悅誠服地去拜太陽，萬物都崇拜太陽，太陽就是我們的「王」，這就是「天」。因為太陽就在那裡，既不主宰、不占有也不干擾我們，這才是真正亙古不變的王。太陽不會讓我們有被生養卻被奴役、利用的感覺，我們全都可以按照自己命運循環往復的規律來運作；所以，太陽就是我們的「王」、是我們的「天」。

太陽之所以能做到這一點，就是因為「天乃道」！因為太陽符合道的規律。

【道乃久】意思是說，只要符合道的規律就能長久存在。

人的生死帶有兩個層意義。一個指有形的身體，另一個指我們的精神，也就是我們的神。

形體很容易衰老，人生幾十年就會死亡，但是精神（即是我們的神）卻能夠亙古長存，這就是「道乃久」。

符合道的規律，雖死猶生

【沒身不殆】意指：我死了，這副身軀就沒了形體，但我的精神（即是我的神）卻能長存。

這就像老子傳下《道德經》這本著作，老子的身體早就沒有了，但我們卻一直紀念著他，老子至今仍活在我們心中，這就是「沒身不殆」。兩千五百年前的孔子，他的形體也早已不在了，但他的精神卻是亙古長存。

因為聖人做事符合道，所以至公無私。聖人就像太陽一樣，是我們精神上的王。聖人能包容天下萬物，是因為

他「知常」，知道亙古不變的道體的運行規律，也知道「萬物並作」這項成住敗空的規律。聖人教化我們，就像天上的太陽普照眾生一樣，完全符合道的運行規律，所以人們永遠不會忘記他。

「沒身而不殆」，聖人不死。所謂得道者永生，聖人及得道者就是人間符合道統規律的大智慧者，是我們學習的榜樣。

這就是《道德經》第十六章給我們的提示。

第十章

成功遂事

——《道德經》第十七章

家庭、公司與國家，是不同層級的團體。

身為團體的領導者，該如何帶領大家做好各項事務？

這章闡述居高位者如何與下屬建立和諧關係，

還告誡我們講話要貴精不貴多，

這才能讓人樂於聽從。

第一節　太上，下知有之

《道德經》第十七章

【太上，下知有之，其次親譽之，其次畏之，其下侮之。信不足，安有不信。猶呵，其貴言也。成功遂事，而百姓謂我自然。】

這講的正是當今各個領域正盛行的管理學。前半段講述在團體裡，居高位者或尊長如何跟地位卑下者建立起平衡的和諧關係。

建立平衡的和諧關係

【太上，下知有之】若從字面來解讀，所謂的「太上」一詞，「太」是太古的意思，「上」則是君主或主宰的意思。「太上」的意義在此處可以延伸出來，像是古代的聖人或聖王，現代國家的領袖，公司的老闆，家裡的父親，全都可被視為「太上」。

所謂的「下」則是地位相對卑下的人，在國家來講就是百姓，在公司來講就是員工，在家庭來講就是子女。

「太上」有幾重境界，最高境界就是「下知有之」：底下的百姓、員工或子女只知有「太上」的存在，雖然受到「太上」的護佑，但都覺得是自己在做事而有所成的。

其實，最高境界的聖王、君主、老闆或父親就像太陽一樣。太陽在早晨必從東方升起。我們只知有太陽的存在，實際上自己的生存也離不開太陽，但是我做任何事情都覺得是我自己在做，跟太陽沒有半點關係。這種狀況就是「下知有之」，「太上」是虛的，好像看不見也摸不到，但實際上「太上」是存在的。這也就是「虛位以待」，是最上乘的境界。

【其次親譽之】的意思是說，次一層的境界就是底下的人對高位者親近、讚賞。

一國的百姓與國家領袖很親近，讚譽他的人格和品德。在公司裡就是員工和老闆很親近，相處就像一家人一樣。在家庭，父親對孩子特別呵護，孩子也對父親讚譽有加。

親密和讚譽是上乘境界，但這已比「下知有之」次了一層。

【其次畏之】是更次一級的第三層境界。君主的威嚴足

以震懾百姓，老闆能夠震懾員工，一家之主能夠震懾家人。大家都畏懼他，這就叫做「其次畏之」，這是中乘的境界。

【其下侮之】是最下乘的境界。底下的人都恨「太上」。國家的百姓怨恨君主或領袖，甚至群起討伐。公司的員工怨恨老闆。家裡的子女和老婆怨恨父親。

無為而萬物自化生

如果你想當一位好的君主、領袖、老闆或父親，卻只學習世間的學問，基本上只能做到「親譽之」的境界。

如果是修道的人來擔任君王、老闆或父親，就能做到「下知有之」。修道的人知道什麼是「虛位以待」、知道什麼是「無為」，這就是最高的境界！

無為而萬物自化生。修道的人會護佑、支持、鼓勵下面的人；但是，大家卻不會感受到他的支持和鼓勵，也不會感受到他的鞭撻和懲罰。

前面對這點已經講了很多，聖王要與道相符，首先就是要做好自己。聖王有聖王的規則，這個規則就是要像天道一樣。

天道是晝夜分明、四季更迭都守著固定規則，但它卻不對萬物做任何要求，也不去占有或主宰萬物。如此一來，萬物就只知道有天道規則的存在而去順從天道，然後自行茁壯成長，不管成住敗空都是自己的事。這就是天道的「無為」，是最高的境界！

後面的幾個境界都屬於「有為」：有為而讓人親密，有為而使人畏懼，有為而叫大家怨恨。像秦始皇建國以後設立嚴刑峻法，用法律來限制百姓的一言一行，這就是過度的有為了。愈是有為、愈是有形，境界就愈落入下乘。

反觀漢初劉邦廢除秦的苛法嚴刑，只與百姓約法三章：殺人者死、傷人及盜抵罪。劉邦行的就是黃老的無為之治，沒有那麼多法律條文的控制，民心反而安定下來，社會沒有太多犯罪事件。這就是智慧！

悖天道而行，難以讓人信服

【信不足，安有不信。】從字面上來理解，「信」就是威信。

為什麼會威信不足？還不是因為「太上」有悖天道，

不懂得做好一位聖王、領袖、老闆或父親，所以無法樹立威信。

「安」字意思與書案的「案」相通。「安有不信」就是案有不信，意思是才會產生不信任、不信服。

因為沒做好「太上」的責任，導致下面的人不信服、不信任；甚至進而「畏之」，然後「侮之」。

如果「太上」不通理，不知道該怎麼做好自己本分，就會「信不足」。

不管是君主、老闆或父親，如果覺得自己就是老大，總是一意孤行，自以為是，這就是盲目做事，是不符合天道的。如果君主、老闆或父親覺得「天上地下惟我獨尊」而任意妄為，那就是胡作非為。如果君主、老闆或父親以為自己有權力就能掌控眾生的命運，必須統一大家的思想，要剷除異己，要讓所有人都服從自己……，他這樣做看似給自己立威，其實立的是怨和恨，造成的是對立。

所以這裡說「信不足，安有不信」。

這種不信任從哪來呢？原因就是「太上」想的太多了，做了太多自以為是的事。「太上」過度地有為，就無法做到

無為那種最高境界。

所有在上位者，不論是君主、老闆或家庭裡的父親，往往都有這個問題！他認為自己制定的一切決策和制度都是為了大家好，他每天為百姓、公司員工、家裡的老婆孩子著想特別多。這就是有為！愈有為、愈有形，規章制度就愈多，對下面的人要求也愈多……，當這些有為達到一個臨界點，即使是好的也都變成壞的了。

如果「太上」要求的少些，大家還能「親譽之」。因為要求本身就是一種關注。「太上」關注到大家，大家就會跟他親近。當然，這裡所謂的關注是以鼓勵和支持為主。

如果「太上」要求多一些，大家就會開始懼怕，這就成了「畏之」。如果要求再更多一些，這時，要求就變成了控制，大家就會開始怨恨。

這就是管理之道。

最高明的管理就是循天道

《道德經》教我們：聖王該如何管理子民、老闆該如何管理下屬、父親該如何管理家庭，最高境界就是遵循天

之道。

在家裡，一家之主要讓孩子和老婆都能感覺到：當他們需要父親或丈夫的時候，他隨時都在。但是，身為父親或丈夫的卻不去干預孩子和老婆，不提那麼多要求，也沒有那麼多規矩。一家之主只做好自己，按照自己給自己定的規矩（即是自律）與天道來處理事情。

企業老闆也如此！老闆不對員工提那麼多要求。該支持的就支持，該鼓勵的就鼓勵。這讓員工覺得老闆好像不存在，但老闆卻又無處不在，這就是管理的最高境界。

當然，這樣做的話，底下的員工或眷屬就會對老闆既沒有感恩之心，也沒有那麼深厚的愛戴之情。

任何事物都有兩面，過於感恩或過於喜愛其實就是一種離不開的依賴。合格的父親不能讓家人（尤其是子女）對自己過度依賴或太過敬愛，否則他們就沒法獨立。當然，身為父親的也不能讓家裡的人都怨恨、懼怕，因而遠離你。

所以，最好的境界就是「下知有之」。

我們要學習太陽，因為太陽代表天道。當我們說到愛的時候，誰也不會想到太陽，都是想到身邊跟自己糾纏的人。

當我們說到恨的時候，也沒有任何人會說自己恨太陽。太陽就在那，誰也離不了它，但大家對它既無愛也無恨，這樣的狀態都不是極端的。大家愛你愛到想不起來你，但他並不知道自己在愛你，而是要遠離你就能遠離，這其實就是最好的一種狀態。

這也是管理的最高境界。因為，這樣子就不會存在著你是否擁有足夠威信的問題，也不存在下面的人是否信任你的問題。因為，大家對你既沒有愛也沒有恨。

所以你別想著去建立自己的威信，也不要想著員工和家人是否聽你話，他們有沒有為你著想……，你要放下這些！

古人對「信不足，安有不信」這句，絕大多數注釋都是：當你威信不足的時候，下面的人就會產生對你的不信任。這個解讀其實很淺顯，只是字面層次的理解。

如果從道的角度來解讀這句「信不足，安有不信」，這裡面還有更深一層的涵義：我不去想著自己是否有威信，因為我毫不在乎這點。

這裡的「不足」並不意味著我沒有威信，我只是不在乎而已，根本不會從這個角度去想。

如果你心裡頭根本就沒有對威信、信任的分別、從沒想過自己是否擁有足夠威信或有沒有被人信任，那就談不上失去威信或信任。

　　從更深的角度，我們應該這樣來理解「信不足，安有不信」這句話。要是你太注重所謂的威信和信任，就容易走上這兩個極端：要麼是下面的人特別好，這就是「親譽之」；要麼就以威嚴和懲罰來建立威信，這叫做「畏之」。

　　做到這兩邊極端了，最後必定都會獲得這個名為「侮之」的結果：下面的人都怨恨你。

　　愛多了就會放縱。如果過度放縱孩子或員工，其實更不利於孩子與員工的發展，這也就是俗話說的縱子如殺子。

　　愛太多，大家會怨恨。畏懼多了也不行！因為這時大家對你完全就只剩下恨了。

　　愛太多、畏懼太多，這兩個極端最後都會演變成恨。所以，我們不要在有形的方面去做些什麼。符合道且高明的管理方式就是：我只做好我自己。

　　對待底下的人，我不存有「信」的想法，既不想著要去建立威信，也不會想著別人是否信任我。這就是「信不足，

安有不信」。如此一來，就能達到道在管理層面的最高境界：「下知有之」，這才是最好的管理！

第二節　猶呵，其貴言也

《道德經》第十七章後半段進而談到言語的管理。許多在上位者喜歡出言指導或訓斥下位者，也有人喜歡用一種優越的心態去指點他人。俗話說「言多必失」，話說多了，不僅會導致過失，也會失去人心。《道德經》在這裡用簡練言語提示我們做人做事都要貴言的智慧。

貴言，去智的管理智慧

【猶呵，其貴言也。】帛書版本裡的「呵」字，基本上都等同流行本裡的「兮」。這裡的「猶呵」，就是流行裡的「猶兮」。

猶與豫，先前在講解《道德經》第十四章的時候就提過這兩種動物。猶在古代叫做「玃」，是一種類似大猿猴的動物。猶的特性是遲疑，顧慮特別多，行動之間總是要退不退、要進不進的。豫則是一種近似大象的動物，也是遲疑不定的性格。俗話說的猶豫不定，就是指這兩種動物遲疑不決的特性。

　　該怎麼做才能擁有「信不足，安有不信」的自信？怎麼做才能達到「下知有之」的高明境界？答案就是，平時行事就別顯得那麼聰明機敏、別那麼果斷，要表現出一副猶豫、遲疑的樣子。

　　如果當主管或老闆的人總顯得很聰明、機敏、精明，最會分析問題了，又特別地果斷決絕，那麼，所有事情就會全靠你做決定。在家裡就屬你這個當爸爸或當媽媽的最聰明，什麼都由你來決定；那麼，你的孩子就無法去思考他自己的問題，就無法為自己的事情做決策。尤其當夫妻兩人都特別精明、會算計、事業很成功的家庭，孩子往往都是傻呵呵的，就像智力不足一樣。古人會說這是因為聰明勁兒都讓夫妻兩口子占盡了，得給孩子留點聰明的餘地才行。這意思就是，家長有時要表現遲鈍些、愚蠢些，孩子才有空間發揮他的聰明才智、才有機會發揮他的潛力。

　　所以說「猶呵，其貴言也」。少說些話，遇事多點猶豫，也不需要你條理分明地幫人分析。如果你是公司的老闆，老闆太精明，下屬就不會動腦筋了。如果你天天滔滔不絕，言多必失，言多而不貴。

話說多了反而不具價值

什麼東西都是多了就不值錢，少了才是「難得之貨」。愈稀少的東西，大家愈覺得珍貴，它的價值才會愈高。一件物品的價值，跟它重要與否並不相干。我們不會因為這件物品很重要，就覺得它價值很高。陽光、空氣和水對人的生存來講是最重要的元素，誰離開了這些都不能活。但是，最廉價的也是陽光、空氣和水，因為太多了，取之不盡，用之不竭，所以就變得沒價值了。

最有價值的東西必定是稀少的東西，哪怕它對我們毫無用處。真正的奢侈品都不具實用性，這是它的一大特點。我們美稱為「藝術性」，其實奢侈品就是只可以供人觀賞，滿足人們的感覺或感受。因為它稀少，所以就叫做「難得之貨」，也因此具備價值。

話也一樣。如果你成天滔滔不絕，哪怕說的再有道理，句句都是經典，但，說太多就沒價值了。

所以，經典都很簡練，一句話就幾個字而已，讓你自己去領悟，愈領悟就愈覺得有韻味。我們從最簡練的字詞之

間，看到的都是自己的領悟和解讀，所以百讀不厭。每讀一遍，解讀就更深一層。如果文章寫得囉囉嗦嗦、滔滔不絕，那就不是經典了，那叫做「論」。論是解讀經典的，但在解讀過程中已變得沒那麼簡練了。

論是給那些看不懂經典的人準備的。和經相比，論的價值就小得許多。像我現在解讀《道德經》，這就屬於論。雖然我對經典的一句話能解讀出很多涵義，但它的價值和《道德經》本身相比就是天差地遠。《道德經》是天，我解讀出來的這些論則是落了地，落地同時也就不具備那麼高的價值了。

對經典的解讀應是多元的

所以，經典都是簡約練達、精煉通達的。像我解讀經典的內容是如此囉嗦，就無法做到通達。經典的某句話本來有一萬種可能，被我解讀出一百種，你覺得我很高深，其實不然！如果你天天研究我這個論，就只能在我這一百種可能的框架裡領悟；事實上可能還有九千九百種我沒說出來，你也就跟著無法解讀出來了。

我對經典的解讀都只是我的一家之言。因為一般人不知道如何解讀經典的這一萬種涵義，所以我試著用大眾能領悟的模式來領你入門。但這只是拋磚引玉而已，等你學好這種思維模式和方法，就可以自行解讀經典了，這才是我解讀經典、做論的本意。

對經典的解讀應該是多元的，應該是仁者見仁、智者見智，沒有一個標準。我這麼一解讀，信我的人就認為這種解讀就是唯一的標準答案，這反而會束縛大家。所以，我做論其實是有利有弊。

貴言，去巧及閉嘴的管理智慧

「猶呵，其貴言也」。我們在現實中，要把所謂的機巧和智辯給藏起來，要學會收斂。

一個人如果顯得比誰都聰明、精明，比誰懂的都多，那麼他就是個蠢人。不管他在什麼位置，哪怕是國家領袖，最後都會遭人怨恨。公司老闆如果太聰明了，話太多了，員工看起來就像傻瓜。到最後，員工就會變得只知執行，一旦出問題就全都是老闆的錯。

　　而且，員工還會怨恨老闆。因為，全公司或全單位上下就只有老闆一個人顯得聰明，那麼，員工的價值要在哪裡體現呢？在家裡，如果父親太聰明了，基本上孩子都會顯得蠢笨，因為孩子從小就沒讓他擁有思考、決策的空間。

　　所以我們要像太陽一樣地普照大地、生養萬物而不言，這叫做「貴言」。

　　別以為修行就是天天打坐念佛，練大小周天，真正的修行第一步就是閉嘴。你要是無法閉上嘴，就永遠都不知道怎麼用心。

　　前面講過，要得道必須進入道之門。道之門位於「玄牝之門」，那裡就是天地根。找到那兒以後，就要「綿綿若存，用之不勤」，這就是修道的入門處。

　　那麼，怎麼去找那個「玄牝之門」？這可不是在現實中去尋找，你得發動你的心。

　　「玄」就在內心最深處。你怎麼能夠深入到內心深處去觀察，找到那扇門？首先就得閉上嘴！

　　沒用的話一句都不說，有用的話也不說。其實，沒有什麼話是有用的，全都是「你自己覺得」這些話對別人具有啟

發性。但，即使是對別人能有啟發的話語，說多了也會變成沒有價值的廢話。只有閉上嘴，放下自己那種想要啟發、教化別人的想法，才能打開自己的心門，找到自己的「玄牝之門」（也就是天地之根）；然後再「綿綿若存，用之不勤」，這樣才能昇華。

不言，才是真正的教化

我們要教化眾生，卻不是用言語來教化。語言是不可能教化眾生的！通過語言傳遞的就是知識，知識愈多就愈反動。為什麼說是反動？因為，話愈多就離道愈遠；反天道而行、反天道而動，這就是反動。

前面講得很清楚，「聖人居無為之事，行不言之教」。真正的教化要像陽光普照、生養萬物一樣地恩澤天下，一切都在不言中，這才是我們要學習的地方。

老子節錄這一段來傳達了，管理者要想做到合於道的最高境界，首先就要去智、去巧、閉上嘴，這就叫做「猶呵，其貴言也」。所有的修行都從這開始練。

但是，閉嘴可不代表完全不說話，像啞巴一樣地沉默，

這跟貴言是不同的概念。不言並非不說話，還是得有正常
交流。

話太多的兩類人

說話滔滔不絕的不外乎以下兩種人。

第一種是心理有病，因為內心憋悶、特別壓抑，所以急
於表達。這種人極度沒有安全感，所以無法獨處也靜不下
來。一旦靜下來，就感到內心極度壓抑，心情翻江倒海，
受不了而必須找人傾訴。說話對這種人就是一種釋放，所
以他會滔滔不絕。

第二種則是好為人師的人。這種人其實是一片好心，
總覺得他給的教導都是對方需要的、是有意義的。這種人
滔滔不絕，盡說些對別人有用的話語，就好像在啟蒙、教
化別人似地。

我們要避免成為這兩種人。如果你是第一種人，內心有
病就該去治病，通過修道可以釋放內心的壓抑感。否則，誰
跟你接觸都會受害，全成了你的情緒垃圾桶。你不斷把內心
壓抑的垃圾化為言語，然後扔進別人的心靈垃圾桶。只要跟

你接觸時間一長都會受不了，都想遠離你。

如果你是第二種人，就要放下好為人師的慾望。

聖人都是「居無為之事，行不言之教」，這才是真正的言傳身教。並不是給別人講講道理，對方明白這個道理就會受到啟發。你首先要做的就是做好你自己，這對所有與你相關的人來說就是最好的事了。別人見你怎麼做和聽你怎麼說，那可是兩個不同的概念！如果你只會說而不會做，你那些觀念知見、思維模式真的能對別人有啟發嗎？有沒有可能把別人帶上歧途？這完全有可能。所以，要放下你那股好為人師的衝動，其實並沒有人需要向你學習，你也沒有什麼可教給別人的。做好你自己就夠了！

要避免自以為是的多言

如能避免上述這兩種情況，你想說什麼就可以說什麼。當你不發洩也不去教化別人，除了說些風花雪月，那就沒別的可說了。其實，就算只是說些風花雪月或是家長里短的八卦，大家聽了都開心。別老是說些自以為有用的話，這才是「貴言」。

其實這點很難做到，尤其是對那些在現實生活中比較聰明、優秀的人來說就更難了。愈優秀的人，大家都想從他身上學到經驗，就愈讓他多說。於是，他就難以抑制好為人師的欲望，就這樣地在日常生活裡扮演他人的老師、校長，甚至是高僧大德的角色。

常言說「地獄門前僧道多」，這就是因為僧道好為人師，結果把別人領入歧途，毀人慧命，因而下地獄。現實中這種人太多了，只是取得一點成功就自認了不起，因此天天對別人說教。所以，我們要記住「猶呵，其貴言也」與「居無為之事，行不言之教」，這就是《道德經》告誡我們的。

以其無私而成其私

【成功遂事，而百姓謂我自然。】取得成功，諸事順遂，所有人都覺得這是靠自己的聰明才智與努力才能成功的，這種情況就叫做「萬物並作」。你對他的支持、護佑和幫助，他感覺不到。這就是管理的最高境界，叫做「下知有之」。

有人會問：「我幫助、支持他，他卻感知不到，這對我

有什麼好處？我為什麼要幫他？」你如果這麼想就落入了下乘。每個人都想居功，然後，想居功的心就漸漸變成了想爭功。一旦成功了，大家都覺得這成功有自己的一份，都想著怎麼去分一杯羹，這就是居功而爭功。這是世人都想爭的，所以世間的衝突、煩惱、困惑就是從這裡開始。

真正的聖人則是普照恩澤，支持和鼓勵他人。但當別人真正成功的時候，聖人就會身先退，既不居功也不爭功。這就是聖人之道，常人很難做到。

有人會說：「這樣做我豈不就吃虧了？我在下屬做事的過程中，無私地幫他、鼓勵他，也不考慮自己的利益。他成功了好像跟我沒關係，那我為什麼要幫他？」這就是凡人的想法。

凡人在別人做事的時候都怕擔責任、怕自己付出太多，怕自己得到太少……，顧慮很多。凡人總考慮自己能否從中獲得利益，然後再決定要不要出手幫人；即使要幫，也是為了自己的利益。事情一旦成功了，凡人都會覺得自己做出了貢獻，就蜂擁而上去爭功。

做事只考慮到自身利益得失的人，永遠都做不成大事。

他蠅營狗苟這一生，就為了自己那點利益，為了自己的生存和繁衍，這樣的格局和心胸實在太狹小了。

學道的目的就是要擴大我們的心胸、放大我們的格局、提高我們的高度。學《道德經》就是要向聖人學習。聖人在世間做事，必是反其道而行之。聖人只是做好自己份內的事，從不會對自身利益想得太多，結果卻是「以其無私而成其私」。

首先，我們要向太陽學習，因為太陽就是天，天就是遵循道而運行。這段跟第十六章是有聯繫的。第十六章傳達了：「覆命，常也；知常，明也；不知常，妄；妄作凶。知常容，容乃公，公乃王，王乃天，天乃道，道乃久，沒身不殆。」我們只有按照這個道理去修行，才能夠真正成為得道之人，甚至成為聖人。到了後面，你的成就叫做「沒身不殆」，名留千古。

所以，現實中做事的時候要記住「成功遂事，而百姓謂我自然」這句話。當自家孩子成功了，要認為這是孩子自己聰明和努力的結果，而不是想到他的父母。孩子之所以能成功都不是父母逼出來的。如果把孩子的成功說成是父母的功

勞，那就不對了，那就落入下乘了。

我們透過學習第十七章，可以領悟出如何學習上天的品德，怎麼遵循天道，怎麼去修身、持家、治國。

第十一章

大道廢
——《道德經》第十八章

大道是總綱、根源，我們不能什麼事都只強調大道。

是否要遵循大道，得看發展階段而定。

智者有恆常不變的綱常，

同時也知變化而不死守，

這就是陰陽之道。

第一節　大道廢，故標榜仁義

《道德經》第十八章

【故大道廢，安有仁義；智慧出，安有大偽；
六親不和，安有孝慈；國家昏亂，安有貞臣。】

　　如果從字面來理解《道德經》第十八章，這段內容可
真是顛覆世俗所見！其實，這是因為道具有正反的兩面性。
當社會上愈強調仁義，實際上就愈欠缺仁義；愈強調智慧
（能力），實際上就愈欠缺真正的能力；愈強調孝慈，實
際上就愈是六親不和；愈強調忠貞，實際上就愈欠缺忠貞
之士。歷史的發展是有順序的！從上古的道治、德治、仁
治、義治，最後演變成禮治，人類社會則在這過程中一步
步地墮落。

社會發展有循環階段

　　社會的發展按照順序，逐步地邁入道、德、仁、義、
禮、智、信的各個階段。某個階段強調什麼，就意味著當

時整個社會的發展到達什麼境界。

我們都希望社會有道、德、仁、義、禮、智、信。但若去觀察人類歷史，卻會發現某個階段強調什麼，當時整個社會舊正好缺乏那個被強調的特質。

如果整個社會的發展正遵循天道的最高境界，根本不需去強調什麼。比如，在大道這個狀態下，就不會強調德，也沒有必要強調要應學習仁、義、禮、智、信。當大道很自然地運行，每個人都能按照大道規律去做好自己，那就天下太平、社會一片和諧、人與人之間沒有紛爭，這就是道的階段。

如果大道之規被毀、大道不復存在，那麼，社會就進入了德的狀態。這時，社會就要有意識地去宣揚德，讓大家守德、積德、行德。這個德是什麼意思？大道落地就叫做「德」。大道落地在人間，稱為「綱常」。綱常就是等級和秩序。

綱常本身由道衍生出來，因此，綱常也遵循大道之理。但是，綱常和道有什麼區別呢？

遵循天道的大道狀態

大道無形。當大家都能自律的時候，社會就像晝夜轉換、四時更迭一樣，全都按照既有規律來運行。每個人都自然而然地照著規律來做事，也沒有人會提出任何要求。這個時候並不需要強調什麼社會等級、規範和秩序，這就是道的境界，是最高的境界。

其實，道的這個境界曾一度存在於中華的上古時期，但現已不可考了。那是一個人人都能守道的階段。但是，後來有愈來愈多的人不自律，破壞了大道之規，人心愈來愈不古，就導致了「大道廢」。

大道廢，進入德育階段

當大家都不自律了，社會就得用綱常來教化眾生。用德來教化，這就變成有形了。人類自此進入德育的階段。開始確立等級和秩序，名為綱常。這時也出現了王。

在大道的狀態之下並沒有王，因為人人都自律，個個皆是自己世界的王。在大道的狀態底下，人與人、王與王

之間全都平等，每個人都在做著自己該做的事。

但當大道廢了，大家都不自律了，只為自己考慮，眾人無法統一合力做事的時候，社會發展到德育的階段，王就出現了。這時出現的王是聖王，聖王的作用就是為天下立綱常。

大道不是廢了嗎？大家不是不能自律了嗎？聖王就設等級，開始分工，建立秩序，這就叫做「立綱常」。人們在這個綱常下才能正常地生產、生活，社會才能維持整個的持續發展。

喪失內心規範就改用禮治

社會繼續沿著道、德、仁、義、禮、智、信的順序往下發展。德廢了，就開始提倡仁；仁廢了，就開始提倡義；義廢了，才提倡教化。所謂的教化就是禮，或者又稱為「禮樂」。

禮就更加表面化了，在形式上要求大家必須做到，做不到就要懲罰。周初社會就是禮治的時代。

為什麼周初要建立整套的禮樂制度？因為當時的人比

上古時期的人更加不自律，王已經無法去規範人心了，只好通過禮來規範大家。

道、德、仁、義，全都是內心的規範。社會繼續往下發展，到了禮的時候就變成是有形的禮規。周初社會已屬於禮治階段。到了東周老子和孔子的這個時期，那些有形的規範又全部崩毀了，世間的等級、秩序和社會結構也都遭到破壞，《論語》對此描述為禮崩樂壞。

天下從戰國時期開始大亂，能者居之。秦代，禮治就走到了終點。當時的社會等級和姓氏皆為世襲，是與生俱來的，人生而不平等。所以，秦末揭竿起義的陳勝、吳廣提出「王侯將相甯有種乎」的口號就帶有標誌性意義，代表整個禮治的階段已經結束。

禮治終結，進入智治階段

然後社會就進入智治的階段。所謂智治，就是誰有能力就誰當王。當時的社會風氣注重才能、注重個人能力，但卻沒有道、德、仁、義、禮。

所以，春秋時期的孔子看到社會不斷地墮落，就想逆

轉歷史運轉的車輪，因此大力提倡周初之禮，希望大家再回到禮治的軌跡。但是，孔子即使高齡之際仍周遊列國、顛沛流離多年，最後也能沒有實現這個願望。

到了智治的階段，天下是能者居之，然後開始了朝代的變更。大家追求各種機、智、巧、能力、才幹，但在德行和心性方面卻愈來愈墮落，愈來愈不重視精神領域和品德。

智治終結，進入信治社會

現在開始進入信用社會，其實這就是智治要終結了，所以進入信治社會。各國的政府都設立了信用機制，來評價個人的信用。信用不好的人，無論是貸款、租房或是找工作都不容易。信用好的人，全社會都鼓勵他。

別以為進入信用社會是好事！這是人類走到道、德、仁、義、禮、智、信的最後一個節點。信用社會能維持多長時間呢？誰也不知道。但是信用社會是人類發展的最後階段，如果它維持得長一些，人類社會就能維持得長一些。一旦信又被打破，大家都不守信，這個信用社會也就亂了。那麼，這時也就是人類滅亡的時候了。

在信用社會之後就沒有其它的發展階段了。所以，當社會到了信用崩壞的時候，最後只有兩種可能。

　　第一種可能就是人類社會來個大翻轉，回歸道治的時代。如果能夠返樸歸真，那麼，人類還能繼續生存下去。

　　第二種可能就是人類滅亡，然後出現另一個物種來統治世界，這個物種再按照整個社會發展的循環過程，依序進入道、德、仁、義、禮、智、信的階段。

　　所謂的歷史是指有文字記載的年代。人類有文字記載的年代最多幾千年，中國是歷史最悠久的國家。道治的階段非常漫長，然後是德治、仁治、義治，到了周初就進入禮治的階段。

　　周初距今才三千多年，在整個宇宙的時間長河裡只不過是個極為短暫的一小片段，但在這短暫的時間裡，人類卻已經從禮治、智治發展到現在的信治。人類墮落的速度實在是太快了，僅三千多年就到達信這個最後階段，可悲呀！

　　所以儒學一再強調，我們要從禮樂開始教化眾生、要從孝開始教化。

　　從子孝父慈開始教化，這豈非暗示了大家都六親不

合？如果六親和合，大家就會全都守著天道規律，就會人人皆孝。在上古的黃帝、堯、舜、禹的那個時期，教化人民需要強調孝嗎？周之初講孝嗎？不講孝並不代表沒有孝，而是人人皆孝。在大家都覺得這是常態、就該這樣做的時候，哪還需要教化？不需要。

什麼時候才開始強調要教化孝呢？到了孔子才開始教大家要孝，其實這就是禮治社會崩壞的一個標誌。因為這時大家已經不講究社會等級和社會秩序，六親都不認了，孝道都沒了。到了智治這個階段就是憑能力。誰聰明能幹，誰膽子夠大，誰敢破壞規則，誰的利益就能最大化，誰就能當王。

所以，儒學從教化大家行孝開始，極力地要將社會從智治階段，逆轉回禮治的階段。孔子一直在做這件事，他後世的儒學弟子也一直在做這件事。中國在智治的這個階段平衡了兩千多年，相對穩定而持續地維持著，這都是儒學的功勞。

但是，現在連孝、禮這個最後一塊保留地都徹底沒了，這就代表智治階段已經結束，人類開始進入信用社會

了。

　　整個社會之所以要開始建立信用體系，就是因為大家已經不守信用了，承諾都兌現不了。到了這個階段，大家就不是靠智力和能力去得天下，而是靠坑蒙拐騙、欺詐、不擇手段來得到利益。社會更加地墮落，所以才需要建立一套信用機制。

　　《道德經》這一章傳達了，人類社會所謂的向前發展，其實並不是愈發展愈向上昇華，而是愈來愈墮落。雖然科技變得更加先進，卻反而加速人類的墮落，加速衝向毀滅的深淵。

第二節　智慧出，就出現大偽

【**故大道廢，安有仁義。**】如果大道沒被毀壞，就不需要說什麼是仁義。如果人人都能自律、都有仁義，哪還需要特意去提倡、教化仁義？不可能！

【**智慧出，安有大偽。**】所謂的智慧是兩面的問題。當我們強調智慧的時候，就必定會出現所謂的大偽。

大偽也是一種智慧。所以，我們得去鑒別智慧。只是，一旦鑑別就會正、反的分別。

其實，智慧就是一種能力。當社會發展到這階段，人們就憑能力來勝出。為何會「智慧出」？因為，誰有能力，誰就當王、當領導。而這個所謂的能力，其實就是更會算計、更有詭計、更能不擇手段、更敢打破規則、誰更殘暴不仁……。

更會欺騙、更殘暴不仁的人，還能以聖人的面目出現，這就是「大偽」。這就是智治階段。

【**六親不和，安有孝慈。**】這時，大家已經破壞了等級，破壞了天道之規和人倫之序，所以六親不和。兒子不

認父親，徒弟不認師父，臣子不認君主，這個時候才需要教化大家去守禮、守孝。

其實，孝乃天性，人人生來皆孝，哪還需要教化這一點？哪還需要孔聖人編寫《孝經》？不需要。

【國家昏亂，安有貞臣。】只有那些忠於道統、忠於綱常的臣子，才能被稱為「貞臣」。

然而，只有在昏君當道、天下大亂的時候才會出現所謂的忠臣（貞臣）。如果天下太平，君臣各守其道、各行其事、各居其位，那麼人人就全都是忠臣（貞臣）了，也就不會刻意去凸顯誰是貞臣、忠臣。所以，不出忠臣（貞臣）的朝代才是太平盛世。貞臣愈多，國家愈亂。

「故大道廢，安有仁義；智慧出，安有大偽；六親不和，安有孝慈；國家昏亂，安有貞臣。」這段內容乍看前後文彼此牴觸，其實卻是必然的事實，同時也是道的正反兩面。

第三節　由宏知微又由微知宏

《道德經》第十八章具有指導及明白歷史的階段性。

我們觀察國家、企業或家庭在宣導什麼，就知道它們正處於什麼階段、現在該做進行哪方面的教化。

智者必善於觀察。通過觀察這個形，觀察宏觀現實的呈現，就能知道微（它的本質），這就是由宏而知微。智者同時又能由微而知宏，通過觀察微觀，就知道現實中將會出現的趨勢以及結果，這就是見微知著。

大道只是一個總綱、一個根源，所以，不能什麼事都只強調大道。《道德經》從頭到尾都在講道，但也不可能一上來就直接要大家遵循大道。

是否遵循大道，得看發展階段而定。有些企業內部提倡仁義，有些企業的內部則提倡業績和才能，有些企業的內部卻提倡孝和慈……，這都是有階段性的。

智者必有恆常不變之綱常，但同時也要知變化，這變化就是陰陽。我們不可以死守著綱常和道統，不知變化。這就是第十八章給我們的提示。

第十二章

絕聖棄智

——《道德經》第十九章

聖人的不言之教，也可應用於各層級的管理原則。

在上位者不刻意標榜一些外在形式的事，

底下的人就不會因此逢迎或競相追逐該項標準。

在上位者應表現得樸素、寡欲、不追求名利，

才能讓自己與底下的人都各守本分、做好自己。

第一節　絕聖棄智，絕巧棄利

《道德經》第十九章

【絕聖棄智，民利百倍；絕仁棄義，民復孝慈；絕巧棄利，盜賊無有。此三言也，以為文未足，故令有所屬。見素抱樸，少私寡欲，絕學無憂。】

上一章講「故大道廢，安有仁義；智慧出，安有大偽？」這章則傳達了「絕聖棄智，民利百倍」……，延續了上一章的主題。這章以治理的管理學角度，重新闡釋「聖人居無為之事，行不言之教」的概念。

摒棄有形之事才能做好管理

身為管理者，既不能提倡惡，也不能去提倡所謂的善。你愈去告訴眾生應該怎麼做，告訴他們必須向善，社會、公司和家庭就愈會出問題。所以，管理者只需守好綱常，不去破壞秩序和等級，這就是在循天之道。所謂「在其位謀其政」，你只需要做好自己的本分，這才是第一重

要的，這就叫做「居無為之事，行不言之教」。

【絕聖棄智，民利百倍；絕仁棄義，民複孝慈；絕巧棄利，盜賊無有。】先解釋第一句「絕聖棄智，民利百倍」。

「利」是好處，「民利百倍」就是對百姓有著無限多的好處。「絕聖棄智」就是斷絕追求聖者、智者的形式。

當帝王提倡什麼，老百姓就會瘋狂地嚮往和追求帝王提倡的東西。如果帝王提倡聖賢之道、提倡大智慧，就一定會鼓勵、獎賞那些符合要求的人；至於那些不符合要求的人，也許就會受到懲罰。

這段講的就是：治理之道該如何符合天道運行之規律？就是要去掉聖和智、仁和義、巧和利這些有形之事。雖然我們都知道必須要有聖和智、仁和義、巧和利，卻不要去強調它們，這就是「絕聖棄智」、「絕仁棄義」、「絕巧棄利」。

因為帝王強調什麼、鼓勵什麼，民眾就會朝著這個目標去努力。但是，民眾追求的是這個目標的形還是本質？其實全都是朝著這個形而去。所謂的形就是標準。當帝王

說聖賢有標準並鼓勵這標準的時候，民眾就會對該項標準趨之若鶩，因為這樣就能得到最大的獎賞。

歷史上曾有幾個朝代的帝王提倡聖賢，鼓勵大家修行和昇華。比如南北朝時代南梁的開國皇帝梁武帝蕭衍（464年－549年）蕭衍因為信佛，就獎賞百姓捐錢建寺供僧行為、鼓勵百姓拋棄世俗去出家修行、對出家人給予田地和供養。導致當時南梁全國上下十戶供一僧，這就是鼓勵大家成聖。

這有什麼不對呢？看看歷史，凡是以國家形式來激烈推廣佛教的朝代，都給社會造成極大危害。

帝王想要鼓勵聖賢就制定一個標準，這個標準就是出家、信佛或修道，讓人人都去追求昇華。因為國家鼓勵，促使那些有能力的人、有智慧的人、優秀的人全都出家，結果導致民不聊生，生靈塗炭。當大家全都去追求聖賢了，就沒人願意做世俗的事，都覺得那些事很低級、不被認同。國家甚至把出家人的勞役全都轉嫁到世俗百姓頭上，結果引起極大的民憤，社會生產力也大受制約和損害。到了後面，天下大亂，國將不國。

【**絕聖棄智，民利百倍。**】為何要「絕聖棄智」？聖賢可不是帝王統一去規定，讓大家去追求就可以成的。凡是追求聖賢或鼓勵有才能的社會，都會給百姓與社會民生造成巨大的影響和危害。

身為管理者不應該這麼做！這不是循天之道。

【**絕仁棄義，民複孝慈。**】為何要「絕仁棄義」？要求向善，這其實並不是循天之道。

如果天天教育大家要有仁有義，那麼，仁義豈不是就有了標準？當仁和義一旦有了標準，不仁不義的人就會被批判、被打倒。時間一長了，社會就會分裂，然後就開始出現爭鬥和衝突，煩惱和痛苦由此而產生。本來老百姓都安居樂業，認為自己該怎麼做就怎麼做。但是國家、團體或企業一旦開始去統一大家的行動，制定出善的標準，惡的標準也隨後就出現了。如此一來，百姓就會分成兩類，然後開始內鬥。

不能遵循自然之道，不符合天道，這就是管理的大忌！

【**絕巧棄利，盜賊無有。**】這句裡面的「巧」是指奇

技淫巧，也就是各種發明創造。

「巧」是為了滿足眾生感官方面各種需求而誕生的，故能勾起眾生的物欲，有些產品滿足視覺，有些產品是滿足聽覺。還有一些特別令人嚮往高科技設備，也可以稱之為「巧」。

「利」是利益。商人圖的就是利益最大化。商人不事勞作，貪圖一買一賣之間的利益，所以倒買倒賣、投機取巧，這就叫做「利」，古人稱為「商」。

一個國家如果提倡這些，那麼，朝野上下就全都是「盜賊」了。如果社會去鼓勵「巧」和「利」，那麼，整個社會最聰明、最有智慧的人就會集中到這兩個方面，整個社會也因此而物欲橫流。新奇的物品層出不窮，大家應接不暇，沉迷於各種感官的刺激。人們會為了追逐商業利益而不擇手段，通過金融投資去空手套白狼，這就是不事勞作。在古代來講，這些都不符合天道。

正常來說，百姓從事士、農、工、商。社會其實還是需要商業行為的，但我們卻不能太注重、過度推行商業。大肆推行商業的結果，就是天下皆「盜賊」。

這裡的「盜」是指盜用、盜取的行為。人類的欲望不斷地加深、加大，就會透過「盜」來攫取自己最大的利益，那麼，整個社會還有誰會願意從事勞作生產呢？

人的生存要與環境相互和諧，吃是第一位，穿是第二位，讀書是第三位。吃穿是溫飽的問題，古人說士農工商裡面的農就包括了耕織，解決的就是人類的溫飽問題。所以古人會在農上面多下功夫，讓大家多做實事，政府也大力提倡農耕。

讀就是心靈的昇華。人不僅要吃飽穿暖，精神領域也要昇華，所以要讀聖賢書。讀書的人多了，心靈昇華的人就多了，整個社會就不會陷入物欲橫流的狀況，不會過快地墮落。

循天道，治理方可長久

中華古人一直遵循著這種大道之理，所有朝代都不允許強化工和商。所以中華的文化、文明和生活方式引領世界幾千年，一直都保持著人類和整個生態環境和諧共生的狀態。如果這種狀態能夠一直持續，人類就可以一直生存下去。

但是，從西方開始工業革命，到現在短短數百年，奇技淫巧不斷，物欲橫流，人類墮落不止。人人都在追逐感官享樂，都沉迷於物欲當中，導致人類現在和整個地球生態環境完全脫節。地球已經開始變得不適合人類居住了，連空氣、水和土壤都出了問題，臭氧層破洞，氣候變幻無常。全球各處災難不斷，甚至包括大瘟疫的流行，這都是人類造成的。

　　所以中華的聖人在幾千年前就傳達了：「絕聖棄智，民利百倍；絕仁棄義，民複孝慈；絕巧棄利，盜賊無有」，這些都是至理。

　　我們不要去提倡那些所謂的完美、所謂的便利、所謂的好，我們不需要這樣做！上天之道，所有的完美都在自身按照規律去運行的過程中。其實，自身追尋著大道之理，這就是在追求聖。大智慧其實也不會體現在現實中那些聰明才幹。愈是大的智慧，就愈讓人看不出來。肉眼能見到的智慧絕不是智慧，肉眼能見到的聖人絕不是聖人，肉眼能見到的仁者絕不是仁者，肉眼能見到的義士絕不是義士，這就是《道德經》給我們的提示。

第二節　見素抱樸，絕學無憂

《道德經》第十九章提示我們世間的管理該怎麼做。道一直都就在這裡，但，怎麼去遵循卻是一門大學問。所以我們要做到「猶呵，其貴言也」，少說話，做好自己該做的，守好自己該守的。

萬民皆知自己應該做什麼，管理者也要學會閉上嘴。但這很不容易，尤其是那些聰明、優秀、有才幹的君主、老闆或父親，他們總是在給別人指點方向，告訴別人要怎麼做才最有利，所以會很難做到這一點。

不言之教的可貴

【此三言也，以為文未足，故令有所屬。】其中針對「此三言也，以為文未足，故令有所屬」的「文」，在這裡可以解釋成文告，或叫做法規、法令、條文。

也許有人會問：「政府不就是要去規範百姓，讓百姓知道他應該要向善、做好事嗎？如果政府『絕聖棄智』、『絕仁棄義』、『絕巧棄利』，不管是聖賢、人抑或巧立，

全都不提倡了，整個國家豈不就沒有法規法令、沒有原則和標準了嗎？這樣的話，老百姓怎能知道是非對錯、怎能知道自己該做什麼不該做什麼？」也有人會抱持這樣的顧慮：政府必須為百姓規定好是非對錯的標準並強化獎懲，百姓才會有所依歸。

其實，如果政府要求百姓全都去昇華成聖，都去廣開智慧，都要有仁義、有機巧、會逐利……，你以為這樣做是對百姓有利，那就錯了！因為這樣做就不符合大道。那麼，身為管理者該怎麼做呢？

【見素抱樸，少私寡欲，絕學無憂。】這就是《道德經》給的答案。

【見素抱樸】的「見」是外表，「見素」是表現出單純、樸素的樣子。「抱」意即懷抱，也就是內心的意思。「抱樸」是指內心要返樸，返樸才能歸真、找到那個真。

其實，見素、抱樸這兩詞指的都是不外求。

【少私寡欲】 的「私」是自私、「欲」是欲望。「少私寡欲」就是放下私心、放下欲望。但是，這裡所謂的放下並不代表沒有，而是「寡欲」，能對拿捏好對慾望

的尺度。

【絕學無憂】的「絕」是斷絕，「學」是學習。

有人會質疑：「我們怎能不學習呢？不學怎能明白道理呢？」這樣理解就錯了！因為，「見素抱樸」是人的本真，這哪還需要學習！人本來就是「少私寡欲」的，這點也需要學習嗎？

世俗的學習皆為名與利

那為何這裡寫「絕學」兩字？其實，如果去觀察世間任何形式的學習，去看看大家都在學些什麼，就會發現：大家學的內容，其實就是直接與眾生追逐的利益最大化有關。

整個社會重視「巧」、看重「利」。這個「巧」就是機巧、奇技淫巧，也就是各種發明創造。人們創造出奇技淫巧的產品就能得到極大利益，所以眾生都去學習如何發明、創造的奇技淫巧，整個社會也在鼓勵這點並且趨向商業化。百姓都想從商或從事金融，學習如何投機而取利，因為這是積累財富的捷徑。在社會上，有權力者就能為自己謀得大利；所以，大家努力讀書，每個人都想拿個好文

憑。靠著一張好文憑，上可進入政府機關謀得官職，下可以到大機構工作、獲得利益。其實，這世上人人每日刻苦學習，都是朝著名和利去的，都是為了讓自己在世俗的利益能獲致最大化。

聖人傳達了「絕學無憂」，意思就是：你要先去思考自己的目標，你的學習是否是為了得到名與利？如果你的目標就是名利，那就必須去學習這些技能。

而道是不需特意去學的。「為學日益，為道日損」，這與追求名利的學習是兩個完全不同的概念。如果你的人生目標是要尋找本真，要讓自我能夠昇華、圓滿，那就一定要放下這些世俗的學習。

世間學的東西，都是為了達到某個目標的技能。愈學就離道愈遠，離自身的真我愈遠，分別心就愈重，愈沉迷世間的名聞利養，永遠都超脫不出來。尤其是通過所謂的學習得到了利益的時候，更是讓人愈學就愈放不下那些執迷，愈學就愈找不到自我，最後就會愈走愈偏。

外界物欲橫流，那種欲望是我們真正想要的嗎？生理上的享樂，感官上的刺激，這些全都是毒藥，短暫的刺激和

快樂帶來的是無窮無盡的痛苦。如果你天天都在喝著這些毒藥止渴，就會耗散生命、遠離真我，這些享樂與刺激具有任何意義嗎？所以，兩千五百年前老子就在《道德經》傳達了，當整個社會變得物欲橫流、人人都在墮落的時候，我們就要返樸歸真，獨立守神 (註)，靜觀其變。

但是，兩千五百年後，世界卻變得比老子所處的時代更為墮落、更加物欲橫流了。眾生都被物欲牽引，相互比較，人與人之間比，家庭與家庭之間比，國家與國家之間比……，其實都是在比較「利」和「巧」。誰能靜下心來修道，向內心去觀照？誰能做到「見素抱樸、少私寡欲」呢？誰能放下所謂的學習知識……，其實大家都做不到。

找回自我，才不會競相爭逐

所以聖人說「絕學無憂」。「憂」就是爭執、衝突、煩惱、痛苦、憂患的意思。

---

*註：語出《黃帝內經》素問篇：「余聞上古有真人者，提挈天地，把握陰陽，呼吸精氣，獨立守神，肌肉若一，故能壽敝天地，無有終時，此其道生。」獨立守神，意指調控意念的修行方式。

當眾人都在追逐「利」和「巧」，都在追逐「仁」和「義」，都在追逐「聖」和「智」。修道者卻是反其道而行，不講究這些東西。在真正修道者的眼中反而沒有所謂的「聖」和「智」，不去追逐「仁」和「義」，也不去追逐「巧」和「利」。放下了這些，才能夠真正地返觀內心，找回自我。才能真正地知道自己生命的意義，明白自己想要的是什麼。你想要的是圖一時之快，還是想要長生久視，掌握自己的命運，圓滿自己的人生呢？這得要想清楚。

逆者成仙的真意

我們看第十九章就會發現，修道者和眾生之間全是相反的。順著眾生就是凡人，叫做「順者成人」。逆著眾生的想法和做法才能昇華，叫做「逆者成仙」。得道的人就是要逆著眾生而來。

這就是我們學習經典的意義所在。因為人是群居的動物，必須從眾，愈從眾就愈能適應環境，愈有利於個體生存，這就是人的特性。

逆著眾生，其實不符合人類身為群居動物的特性。修

道者就要從知見和觀念去打破這一點，成為一個不從眾的人，能夠特立獨行，保持自我。然後才能返觀內心，找到真我，最後才能把握自己的命運，圓滿自己的人生。

范明公解密 道德經 2

明公啟示錄

—— 從帛書《老子》談為人處世的最佳方針

作者／范明公
主編／一妄
出版贊助／徐麗珍
文字編輯／張華承
執行編輯／李寶怡
封面及版型設計／廖又頤
美術編輯／廖又頤
企畫選書人／賈俊國

總編輯／賈俊國
副總編輯／蘇士尹
編輯／高懿萩
行銷企畫／張莉滎、蕭羽猜、黃欣

發　行　人／何飛鵬
法律顧問／元禾法律事務所王子文律師
出　　　版／布克文化出版事業部
　　　　　　台北市中山區民生東路二段 141 號 8 樓
　　　　　　電話:(02)2500-7008　傳真:(02)2502-7676
　　　　　　Email:sbooker.service@cite.com.tw
發　　　行／英屬蓋曼群島商家庭傳媒股份有限公司城邦分公司
　　　　　　台北市中山區民生東路二段 141 號 2 樓
　　　　　　書虫客服服務專線:(02)2500-7718;2500-7719
　　　　　　24 小時傳真專線:(02)2500-1990;2500-1991
　　　　　　劃撥帳號:19863813;戶名:書虫股份有限公司
　　　　　　讀者服務信箱:service@readingclub.com.tw
香港發行所／城邦(香港)出版集團有限公司
　　　　　　香港灣仔駱克道 193 號東超商業中心 1 樓
　　　　　　電話:+852-2508-6231　　傳真:+852-2578-9337
　　　　　　Email:hkcite@biznetvigator.com
馬新發行所／城邦(馬新)出版集團 Cité (M) Sdn. Bhd.
　　　　　　41, Jalan Radin Anum, Bandar Baru Sri Petaling,
　　　　　　57000 Kuala Lumpur, Malaysia
　　　　　　電話:+603- 9057-8822　　傳真:+603- 9057-6622
　　　　　　Email: cite@cite.com.my
印　　　刷／韋懋實業有限公司
初　　　版／2021 年 12 月
定　　　價／新台幣 300 元
ISBN ／ 978-986-0796-84-1
EISBN ／ 978-986-0796-82-7(EPUB)